서술형 가

내 서술형 ... 가?

중학교 3학년 1학기에 나오는 교과 문법으로 구성된 서술형 문제들입니다.
본인의 맞는 개수에 따라 자신의 실력을 점검해 보세요.
그리고 실력 향상을 위해 어떻게 공부하고 계획을 짜야 하는지 살펴 보세요.

▶ 출제 범위 : 중학 3학년 1학기 중간 교과 문법
▶ 평가 문항 : 20문항
▶ 평가 시간 : 15분

중학 3학년

서술형 진단평가

평가 시간: 15

[01~03] 보기의 동사들을 알맞게 활용하여 문장을 완성하시오.

〈보기〉

> go   feel   study

01
> 우리 엄마는 내가 더 공부하도록 강요했다.

→ My mom forced me _____ harder.

02
> 그것은 나를 기분 좋게 느끼게 만들었다.

→ It made me _____ so good.

03
> 그녀는 내가 혼자 가도록 허락하지 않을 것이다.

→ She won't allow me _____ there alone.

[04~05] 다음 문장의 뜻이 같도록 빈칸에 알맞은 말을 써 문장을 완성하시오.

04
> A car accident happened. I saw the car accident.

= I saw a car accident _____.

05
> He looks older when he wears glasses.

= Glasses make him _____.

[06~08] 다음 표를 보고 문장을 완성하시오.

Time	Event
5:00 a.m.	· somebody broke into the office · the door was opened
9:00 a.m.	· Jason arrived at work · the door was still open
9:15 a.m.	· Jason called the police

06 Jason _____ at work at 9.

07 He found that somebody _____ into to the office during the night.

08 The door _____ since 5:00 a.m.

09 다음 글의 ①, ②를 알맞은 시제로 바꿔 쓰시오.

> We were driving on the highway when we saw a car that ① broke down , so we ② stop to help.

① _____   ② _____

[10~11] 보기의 단어들을 활용하여 문장을 완성하고
그에 맞는 우리말을 쓰시오.

〈보기〉

> be   take   think

10

> They decided _____ a trip together.

→ (우리말) _____

11

> She grew up _____ the best dancer
> in the world.

→ (우리말) _____

[12~13] 다음 문장들을 보고 같은 의미가 되도록
빈칸에 알맞은 말을 쓰시오.

12

> I installed a new security camera.
> I wanted to protect my property.

= I installed a new security camera _____

_____ .

13

> I got up early so as to attend the class.

= I got up early _____ the class.

[14~15] 다음 우리말에 맞게 주어진 단어들을 사용하여
문장을 쓰시오.

14

> A : 나는 방과 후에 그 꽃들에 물을 주는 것을
>   그만뒀다. (stop, water)
> B : Why did you do that?

→ _____
_____

15

> A : Are there any places that you'd
>   recommend?
> B : 네가 캘리포니아에 가면 Universal Studios를
>   방문하는 것을 추천한다. (recommend)

→ _____
_____

16 다음 대화를 읽고 ①, ②를 알맞은 형태로
고쳐 쓰시오.

> A : What is it? Did you get hurt?
> B : When I woke up in the morning,
>   I found my leg seriously ① to hurt.
> A : Why don't you go to hospital?
> B : I'm on my way to the hospital.
>   Ryan advised me ② see a doctor.

① _____   ② _____

[17~18] 다음 글을 읽고 물음에 답하시오.

> A : I didn't expect you ① win the competition!
> B : (A) At first I didn't want to apply for the dance
>   competition, but Jesse persuaded me.
> A : How do you feel now?
> B : It doesn't feel real. When I heard my name
>   ② call, I just froze.

17 밑줄 친 (A)와 의미가 통하도록 빈칸에 알맞은
말을 써 문장을 완성하시오.

→ Jesse persuaded _____ .

18 위 글의 ①, ②를 알맞은 형태로 바꿔 쓰시오.

① _____   ② _____

[19~20] 다음 대화를 읽고 물음에 답하시오.

> A : (A) 규칙적으로 운동하는 것은 중요하다.
>   Where is Henry?
> B : He isn't coming today. I quit try to persuade
>   him to exercise regularly.
> A : It is not easy to exercise regularly.
>   He will get used to it soon.
> B : It is generous of you to say so.

19 위 글의 (A)를 영작하시오.

> 조건 ① to부정사를 사용할 것
> 조건 ② 가주어 it을 주어로 쓸 것

→ _____
_____

20 위 글에서 틀린 부분을 찾아 바르게 고쳐 쓰시오.

_____ → _____

문법이 쓰기다 서술형 집중훈련에는
서술형·수행평가를 **단기간에** 대비하는 **똑똑한 방법**이 있습니다.

10일 만에 중간, 기말 대비가 된다!
시험 전에 집중적으로 매일매일 Part별로 학습하면 서술형과 수행평가 대비를 빠르게 준비할 수 있습니다.

4주 만에 중학 필수 영문법이 마스터 된다!
방학 기간 동안에 핵심적인 문법 개념과 Writing을 완성하여 서술형이 포함된 지필고사와 수행평가를 미리미리 대비할 수 있습니다.
방학 특강용이나 학원 보조용으로 『문쓰다 서술형 집중훈련』의 문법 + Writing을 학습하세요.

문법이 쓰기다 서술형 집중훈련에는
문법 단기 완성 ➕ 시험 대비 ➕ 복습의 3단 합체로 **서술형·수행평가**를 대비합니다.

개념과 활용의 명확한 구성
서술형 문제의 핵심이 되는 **문법 개념을 단계적·체계적으로 학습할 수 있도록 구조화**하였습니다. 쓰기에 꼭 필요한 문법 요목을
정리하여 단기간에 학습할 수 있고, 단계적으로 훈련하여 낯설고 어려운 서술형 문제를 쉽게 풀 수 있게 해 줍니다.

문법 단기 완성 + 시험 대비 + 복습의 3단 합체
세분화된 문법의 기초를 세우고 Sentence로 서술형 시험을 대비합니다. 그리고 〈문법 Review + 숙제용〉으로 복습을 하면서
서술형 기본과 심화까지 3단 합체로 어떤 시험에도 대비가 됩니다.

문쓰다 서술형 집중훈련으로 빠르게 서술형 쓰기가 가능한 이유

특징 1	필수 쓰기 문법	✔ 체계적으로 세분화된 쓰기를 위한 요목으로 문법을 학습하니까!
특징 2	기본 다지기	✔ 기본 확인과 문장 쓰기로 서술형을 두 번 훈련하니까!
특징 3	반복 시스템	✔ 핵심 개념 이해, 서술형 기본 학습과 심화 학습으로 재반복하니까!

단기간에
강화·확대되는 서술형, 수행평가를 **대비**하는 똑똑한 방법

문법이 쓰기다 서술형 집중훈련 으로 공부하는 것

✔ **권수** 3권(학년별) | 본문 160p (1·3학년), 152p(2학년)

✔ **대상**
· 단기간에 서술형, 수행평가 문장쓰기 훈련이 필요한 중학생
· 「중학 문법이 쓰기다」와 함께 심화된 서술형, 수행평가 대비가 필요한 중학생

✔ **특징** 「중학 문법이 쓰기다」와 함께 보충용 학습이나 방학 특강용으로 최적

문법이 쓰기다 서술형 집중훈련만의 특장점

▶ 서술형 문제의 핵심이 되는 문법 개념을 단계적이고 체계적으로 학습할 수 있도록 구조화하였습니다.

▶ 낯설고 어려운 서술형 문제에 쉽게 접근하고 쉽게 친해질 수 있도록 구성하였습니다.

▶ 학교 기출 문제와 수행평가를 기초로 하여 본질적인 서술형 문항을 엄선하여 실었습니다.

문법이 쓰기다 서술형 집중훈련 서술형, 수행평가에 최적화

▶ 체계적으로 세분화된 쓰기 요목으로 4주 또는 10일 만에 문법을 배우면 문장 쓰기가 가능해집니다.

▶ 기출을 분석하여 서술형과 수행평가의 구성 원리를 이용한 훈련 방식으로 문장을 구성해야 하는 서술형, 수행평가에 적합합니다.

▶ 중학 문법 기초를 복습하고 문법을 활용하는 문장 구성력을 키울 수 있어 단기간에 서술형이나 수행평가에 자신감이 생깁니다.

서술형, 수행평가 강화

✔ **수행평가로 교과 성적 산출 강화**

2016년부터 초·중 시험에서 중간, 기말고사와 같은 **지필고사** 대신 → **서술형 수행평가** 만으로 성적 산출이 **가능**

서울시 교육청도 수행평가 확대를 담은 '2016 학년도 중등평가 시행 계획'을 발표하여 '학교생활기록 및 관리'를 수업활동과 연계해 평가방식이 다변화할 것으로 예상

영어는 중등평가에서 말하기·듣기·**쓰기를 전체 평가의 50% 이상 반영하도록** 확대 출제

✔ **영어 수행평가**

영어 듣기 평가 외에도 말하기·쓰기 평가는 문장의 이해와 적용에 있으며 주요 문장이나 일기 영작하거나 상황에 맞게 말하기임

기존에 암기 위주의 지필고사와 달리 수행평가에서는 **말하기, 쓰기 실력 자체를 키우는 것**이 최우선

서술형, 수행평가
내신 시험의 결정적 요인!!

문법이 쓰기다 서술형, 이래서 공부해야 한다.

▶ 단기간에 내신 고득점을 위한 필수 사항

내신 시험에서 서술형뿐만 아니라 말하기, 쓰기의 수행평가의 비중이 점차 높아지고 있으며, 그 비중은 50% 이상까지 점차적으로 확대될 예정입니다. 그러므로 중간·기말고사 기간 동안 내신 시험의 결정적 요인인 서술형이나 말하기, **쓰기의 수행평가를 단기간에 대비해야 합니다.** 그리고 그 대비책인 〈문법이 쓰기다 서술형 집중훈련〉은 **내신 고득점을 위한** 선택 사항이 아니라 **필수 사항**입니다.

▶ 단기간에 개념 및 활용이 가능한 명확한 구성

문법을 어렴풋이 아는 단순 이해가 아니라 문장 구성력을 갖추어 문장 쓰기, 말하기가 가능하지 않으면 내신 점수를 얻을 수가 없습니다. 알되, 정확히 알아야 서술형 문제를 풀 수 있습니다. 따라서 서술형 훈련을 통해 단순 암기식이 아니라 **문장에 대한 정확한 활용도를 높일 수 있는 〈문법이 쓰기다 서술형 집중훈련〉으로 공부해야 합니다.**

▶ 단기간에 변화 규칙, 문장 쓰기, 기출 서술형의 3단계 적용

기계적으로 대입하고 바꾸는 유형을 지양하고 문법 기초 지식과 논리적인 사고력이 필요한 유형들을 개발하여 논리적인 사고와 다양한 활용 과정을 통해 기본도 다지고, 실전에도 강해집니다. 기출 서술형의 철저한 분석을 통해 **drill － error recognition / correction － ordering － writing** 등의 촘촘하고 **꼭 필요한 문제 유형의 3단계 문제 시스템으로 내신 만점**을 맞을 수 있습니다.

문법이 쓰기다 서술형, 이래서 단기 완성형이다.

▶ 문법이 쓰기다 서술형 집중훈련, 문장의 변화 규칙으로 대비!

서술형은 단순히 문법을 평가하는 시험이 아니라 **정확한 쓰기, 활용도에 중점**을 두기 때문에 문법 사항뿐 아니라 **문장에 대한 규칙도 빠르게 정리할 수 있게 합니다.**

▶ 문법이 쓰기다 서술형 집중훈련, 문장 구성력 향상으로 대비!

서술형이나 수행평가의 쓰기 등을 분석해 보면 문법을 활용하는 문장 구성력이 꼭 필요한 실력임을 알 수 있습니다. 〈문법이 쓰기다 서술형 집중훈련〉은 이런 **문장 구성력을 단기간에 키울 수 있게 문제 유형들을 제시**하고 있습니다.

▶ 문법이 쓰기다 서술형 집중훈련, 서술형 기본+심화 문항으로 대비!

배운 내용을 복습하면서 **문장 쓰기, 서술형 기본과 심화를 동시에 훈련**할 수 있게 구성하였습니다.

문법 단기 완성 ✚ 시험 대비 ✚ 복습 파워의 3단 합체!

1 문법 완성 및 쓰기

문법을 빠르게 정리하고 싶다고요?
문법의 뼈대 세우기부터 수준별 응용,
서술형 문제까지 한 번에 정리할 수
있어요.

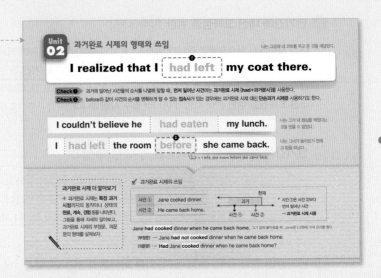

2 문법 Review + 숙제용

다시 까먹지 않게 복습!
문법 사항과 문장 규칙을 다시 복습해
보는 중요한 부분이에요. 숙제로도 활용
해 보세요.

배웠으면 써먹으라~!
요목별로 배운 내용으로 가장 자주 출제
되는 서술형 유형별로 다각도로 복습
해요. 숙제만 잘해도 까먹을 염려는
없어요!

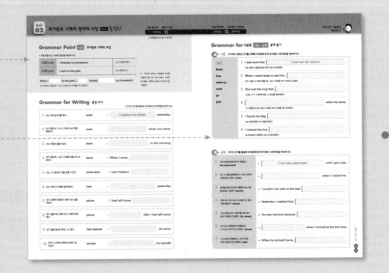

3 수행평가

각 문법 요목별로 가장 자주 출제되는
서술형 유형으로 수행평가를 만들었어요.
짧지만 구성이 알차고 좋은 문제로, 꼭
도전해 보세요.

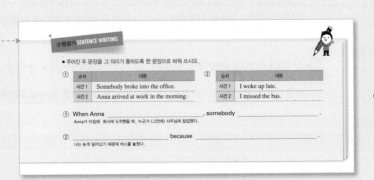

단원 도입

✔ 흥미로운 단원 소개

이번 단원에서 학습할 문법 요목을 먼저 훑어보고 학습을 시작하면 더 집중하여 공부할 수 있습니다. 더불어 학년별 연계되는 부분도 확인 가능!

Grammar 비교하며 고르기

✔ 중요 문법을 명쾌하게 확인

문제를 풀며 문장의 기본을 잡을 수 있는 코너입니다. 비교되는 check 문제를 바로 풀어 잘 이해했는지 확인해 보세요.

Sentence 비교하며 쓰기

✔ 핵심 문법이 포함된 문장쓰기

기출 서술형의 분석을 통해 다양한 유형의 쓰기 문제를 제시하고 있습니다. 기본 실력과 실전력을 동시에 올려 보세요!

Grammar 기초

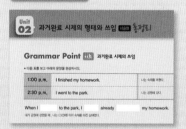

✔ 문법 개념을 한번에

개념 확인 문제로 앞서 배운 문법을 확인하고, 실력까지 점검해 보세요.

서술형 Writing 기초

✔ 문법 쓰기학습과 접목

학습한 문법을 실제 써 보세요. 이미 배운 예문들로 구성해서 어렵지 않습니다.

서술형 Writing 기본·심화

✔ 내신 서술형 문제에 완벽 대비

문제가 지시하는 대로 답안을 써 보세요. 서술형 문제는 완벽한 문장의 형태로, 어순이나 형태에 맞도록 쓰는 것이 감점을 줄이는 길이라는 것, 기억하세요.

정답과 해설

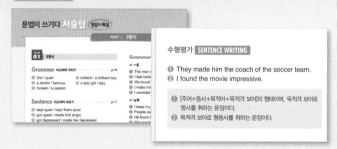

✔ 문제에 대한 친절한 설명

정답을 확인하고 추가 설명 등을 찾아 보세요. 잠시 잊고 있던 내용들이 다시 기억날 거예요.

이런 순서로 공부해요!

중학 영문법, 쓸 수 있어야 진짜 문법이다! **문법이 쓰기다** 시리즈의 새로운 공식

서술형 유형 ⊜ 문장 구성력 ⊜ 문법이 쓰기다

중학영문법

문법이 쓰기다 서술형

중학영문법

문법이 쓰기다 서술형

서술형 수행평가 완벽 대비

PART 1

5형식

구성과 교과서 연계

Unit 1	5형식	미래엔(배) 9과, 비상(이) 4과
Unit 2	5형식 목적격 보어 비교 I	두산(김) 5과, 천재(김) 3과, 천재(정) 5과
Unit 3	5형식 목적격 보어 비교 II	미래엔(배) 4과, 금성(민) 1과, YBM(신) 9과
문법 마무리		

중학 문법이 쓰기다 연계

나는 그 벽을 초록색으로 칠했다.

I painted the wall ┊ green ┊.①

Check① 5형식은 [주어+동사+목적어+목적격 보어]의 구조로, **목적격 보어는 목적어의 상태나 상황을 보충**해 주는 역할을 한다.
Check② 5형식은 목적격 보어로 **명사**나 **형용사**를 취할 수 있다.

We consider him ┊ a diligent manager ┊.②   우리는 그를 근면한 매니저로 여긴다.

We consider him ┊ diligent ┊.   우리는 그를 근면하다고 여긴다.

└→ 목적격 보어 자리에는 부사가 올 수 없어요.

2형식 vs. 5형식

→ 2형식과 5형식은 같은 동사를 취하더라도 **목적어의 유무**에 따라 문장의 의미가 달라진다.

2형식	주어 + 동사 + 주격 보어 I kept quiet. 나는 조용히 있었다.
5형식	주어 + 동사 + 목적어 + 목적격 보어 I kept (them) quiet. 나는 그들을 조용히 있게 했다.

* 목적격 보어가 명사일 때, 목적어와 목적격 보어는 동격의 관계이다.
* 목적격 보어가 형용사일 때, 목적격 보어는 목적어를 보충 설명해준다.

☑ Grammar 비교하며 익히기 ▪ 다음 문장을 보고 알맞은 목적격 보어를 고르시오.

1 나는 그 개를 Dot이라고 이름지었다.

I named the dog (Dot / quiet) .

나는 그 개를 조용히 있게 했다.

I kept the dog   Dot / quiet   .

2 나는 그가 뛰어나다는 것을 알게 되었다.

I found him   brilliant / a brilliant boy   .

나는 그가 뛰어난 소년이라는 것을 알게 되었다.

I found him   brilliant / a brilliant boy   .

3 나는 내 아들을 의사로 만들었다.

I made my son   a doctor / famous   .

나는 내 아들을 유명하게 만들었다.

I made my son   a doctor / famous   .

4 나는 그녀가 게으른 소녀임을 알아챘다.

I found her   lazy / a lazy girl   .

나는 그녀가 게으르다는 것을 알아챘다.

I found her   lazy / a lazy girl   .

5 나는 그를 정직하다고 여긴다.

I consider him   honest / a captain   .

나는 그를 주장으로 여긴다.

I consider him   honest / a captain   .

Sentence 비교하며 써보기

주어진 단어를 활용해 우리말에 맞게 영어 문장을 쓰시오.

1 나는 조용히 있었다. (keep)

I | kept quiet | .

나는 그들을 조용히 있게 했다. (keep)

I | | .

2 나는 화가 났다. (get, upset)

I | | .

나는 그를 화나게 했다. (make, angry)

I | | .

3 그 남자는 우울해졌다. (get, depressed)

The man | | .

그 남자는 그녀를 우울하게 했다. (make, depressed)

The man | | .

4 그것은 나를 반장으로 만들었다. (make, class president)

It | | .

그것은 그녀를 행복하게 만들었다. (make)

It | | .

5 그녀는 침묵을 지켰다. (remain)

She | | .

그녀는 그 소녀를 홀로 남겨뒀다. (leave)

She | | .

6 나는 그녀가 영리하다고 여긴다. (consider, clever)

I | | .

나는 그녀가 열심히 일하는 사람이라고 여긴다. (consider, hard worker)

I | | .

7 나는 그를 위대하게 만들었다. (make)

I | | .

나는 그를 내 학생으로 삼았다. (make)

I | | .

수행평가 SENTENCE WRITING

■ 보기에서 알맞은 단어를 골라 우리말에 맞게 문장을 쓰시오.

보기

coach
find
make
upset
impressive

① 그들은 그를 그 축구팀의 코치로 만들었다.

→ _____

② 나는 그 영화가 인상적이라고 생각했다.

→ _____

Grammar Point 기초 목적격 보어: 2형식 vs. 5형식

▪ 우리말에 맞게 2형식과 5형식 문장을 완성하시오.

2형식	He [became] a singer.	그는 가수가 되었다.
	He [ ] sorry.	그는 유감스럽게 느꼈다.
5형식	He named [ ].	그는 그 인형을 Pinky라고 이름 지었다.
	He painted [ ].	그는 그 벽을 초록색으로 칠했다.

→ 5형식은 [주어+동사+목적어+목적격 보어]로 5형식의 보어는 목적어의 상태나 상황을 보충해 준다.

Grammar for Writing 문장 쓰기

▪ 주어진 단어를 활용해 우리말에 맞게 문장을 완성하시오.

1 나는 그들을 조용히 있게 했다.   keep, quiet → I [kept them quiet].

2 나는 조용히 있었다.   keep, quiet → I [ ].

3 나는 그 소녀를 홀로 남겨뒀다.   leave, alone → I [ ].

4 나는 화가 났다.   get, angry → I [ ].

5 그녀는 그를 화나게 했다.   make, angry → She [ ].

6 그녀는 내 아들을 유명하게 만들었다.   make, famous → She [ ].

7 그는 그녀가 게으른 소녀임을 알아챘다.   find, lazy → He [ ].

8 그는 그녀가 게으르다는 것을 알아챘다.   find, lazy → He [ ].

9 나는 너를 예술가로 여겼다.   consider, artist → I [ ].

10 나는 너를 정직하다고 여겼다.   consider, honest → I [ ].

Grammar for 서술형 기본·심화 문제 풀기

A 기본   주어진 어구를 알맞게 배열해 우리말에 맞게 문장을 쓰시오.

1	made, depressed, her, the, man	→	The man made her depressed.
			그 남자는 그녀를 우울하게 했다.
2	feel, better, I	→	
			나는 기분이 더 좋다.
3	found, we, brilliant, him	→	
			우리는 그가 뛰어나다는 것을 알게 되었다.
4	make, happy, her, I	→	
			나는 그녀를 행복하게 만든다.
5	consider, students, the, I, clever	→	
			나는 그 학생들을 영리하다고 여긴다.

B 심화   주어진 단어를 활용해 우리말에 맞게 문장을 쓰시오.

1	나는 내 방을 깨끗하게 유지한다. (keep, clean)	→	I keep my room clean.
2	사람들은 그녀를 천사라고 부른다. (call, angel)	→	
3	그는 그 영화가 인상적이라고 생각했다. (find, impressive)	→	
4	그녀는 버스에서 그를 매우 화나게 했다. (make, upset)	→	
5	그는 내 생일을 완벽하게 만들었다. (make, perfect)	→	
6	그 남자는 우울해졌다. (get, depressed)	→	
7	그 남자는 그의 개를 조용히 있게 했다. (keep, quiet)	→	
8	그것은 나를 슬프게 했다. (make, sad)	→	

나는 그가 그 차를 수리할 것을 부탁했다.

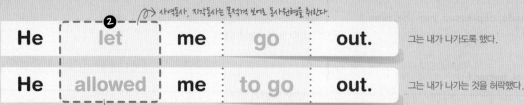

I **asked** him **to repair** the car.

Check❶ 5형식은 목적격 보어로 명사, 형용사뿐 아니라 **to부정사**나 **동사원형**을 취할 수 있다.
Check❷ 동사에 따라 목적격 보어로 to부정사 혹은 동사원형이 온다.

➜ 사역동사, 지각동사는 목적격 보어로 동사원형을 취한다.

| He | **let** | me | go | out. | 그는 내가 나가도록 했다. |

| He | **allowed** | me | to go | out. | 그는 내가 나가는 것을 허락했다. |

➜ 예상, 요청, 지시, 허락, 권유 등의 의미를 지닌 동사는 목적격 보어로 to부정사를 취한다.

5형식 목적격 보어: 동사원형 vs. to부정사

→ 목적격 보어로 동사원형을 취하는 동사와 to부정사를 취하는 동사를 구별해 보자.

동사원형을 취할 수 있는 동사	to부정사를 취할 수 있는 동사
사역동사: let, have, make, help, ... * help는 목적격 보어로 동사원형이나 to부정사를 모두 취할 수 있다.	예상, 바람: expect, want, wish, ...
	권유: advise, encourage, persuade, recommend, ...
지각동사: see, notice, watch, hear, overhear, ...	요청, 지시: ask, require, force, order, tell, ...
	허락, 금지: allow, permit, leave, forbid, ...

* 지각동사의 목적격 보어는 사실을 강조할 경우 동사원형을 사용하고, 동작을 강조할 경우 현재분사를 사용할 수 있다.

✅ Grammar 비교하며 익히기 ▪ 다음 문장에서 알맞은 목적격 보어를 고르시오.

1 나는 그가 들어오게 했다.

I let him to come / (come) in.

나는 그에게 들어오라고 요청했다.

I asked him to come / come in.

2 나는 그가 일찍 떠나게 했다.

I made him to leave / leave early.

나는 그에게 일찍 떠나라고 말했다.

I told him to leave / leave early.

3 나는 그가 노래하는 것을 들었다.

I heard him to sing / sing .

나는 그가 노래하기를 원했다.

I wanted him to sing / sing .

4 그는 내가 그 사무실을 청소하는 것을 봤다.

He watched me to clean / clean the office.

그는 내가 그 사무실을 청소하길 원했다.

He wanted me to clean / clean the office.

5 그녀는 내가 밖에 나가게 했다.

She made me to go / go outside.

그녀는 내가 밖에 나가도록 허락했다.

She allowed me to go / go outside.

Sentence 비교하며 써보기

✎ 주어진 단어를 활용해 문장을 완성하시오.

1 **apologize**
He made | me apologize to her | .
그는 내가 그녀에게 사과하도록 만들었다.
He persuaded | | .
그는 내가 그녀에게 사과하도록 설득했다.

2 **take**
She made | | .
그녀는 내가 그 약을 먹게 만들었다.
She advised | | .
그녀는 나에게 그 약을 먹으라고 조언했다.

3 **find**
It made | | .
그것은 내가 새로운 직업을 찾게 만들었다.
It helped | | .
그것은 내가 새로운 직업을 찾게 도왔다.

4 **play**
He let | | .
그는 그의 아이가 그 컴퓨터 게임을 하게 했다.
He allowed | | .
그는 그의 아이가 그 컴퓨터 게임을 하게 허락했다.

5 **forgive**
I made | | .
나는 그가 그녀를 용서하도록 만들었다.
I persuaded | | .
나는 그에게 그녀를 용서하라고 설득했다.

6 **go**
He allowed | | .
그는 내가 그와 함께 캠핑을 가는 것을 허락했다.
He asked | | .
그는 나에게 그와 함께 캠핑을 가자고 요청했다.

7 **check**
I had | | .
나는 그가 내 컴퓨터를 점검하도록 했다.
I asked | | .
나는 그에게 내 컴퓨터를 점검해달라고 부탁했다.

수행평가 SENTENCE WRITING

■ 다음 대화를 읽고, 빈칸에 알맞은 말을 넣어 대화를 완성하시오.

DAILY NEWS
A car accident happened!

A: Did you hear that a car accident happened in our town yesterday?

B: Yes. Actually, ① _____ .
나는 그 차 사고가 발생한 것을 보았다(see)

A: Is your brother coming with you?

B: No. My mom ② _____ .
그가 나가는 것을 허락하지 않았다(allow)

Grammar Point 기초 목적격 보어: to부정사 vs. 동사원형

■ 주어진 형태 중 알맞은 것을 골라 5형식 문장을 완성하시오.

I asked him **repair / to repair** the car.	나는 그에게 그 차를 수리할 것을 부탁했다.	→ 5형식은 동사에 따라 목적격 보어로 to부정사나 동사원형을 취할 수 있다.
I watched him **read / to read** the newspaper.	나는 그가 신문을 읽는 것을 보았다.	

Grammar for Writing 문장 쓰기

■ 주어진 단어를 활용해 우리말에 맞게 문장을 쓰시오.

1 나는 그를 들어오게 했다.   **let, come in**   →   I let him come in.

2 나는 그를 일찍 떠나게 했다.   **make, leave**   →

3 나는 그에게 일찍 떠나라고 말했다.   **tell, leave**   →

4 나는 그가 노래하는 것을 들었다.   **hear, sing**   →

5 나는 그가 노래하기를 원했다.   **want, sing**   →

6 나는 그를 웃게 만들었다.   **make, laugh**   →

7 그녀는 그가 그 의자를 고치게 했다.   **have, fix**   →

8 그녀는 그를 행복하게 만들었다.   **make, happy**   →

9 나는 네가 그를 방문하기를 원한다.   **want, visit**   →

10 그는 너에게 그를 방문하라고 말했다.   **tell, visit**   →

Grammar for 서술형 기본 · 심화 문제 풀기

A 기본 어법상 **틀린** 부분을 바르게 고쳐 쓰시오.

1 He wanted me clean the office.
그는 내가 그 사무실을 청소하길 원했다.
→ He wanted me <u>to clean</u> the office.

2 She let her child to go to the party.
그녀는 그녀의 아이가 파티에 가도록 했다.
→

3 Zoe made me to take the medicine.
Zoe는 내가 그 약을 먹게 했다.
→

4 She persuaded me apologize.
그녀는 내게 사과하라고 설득했다.
→

5 He asked me come over to his house.
그는 나에게 그의 집으로 오라고 요청했다.
→

6 You made me to want to be a better person.
너는 내가 더 나은 사람이 되기를 원하도록 만들었다.
→

B 심화 주어진 단어를 활용해 우리말에 맞게 문장을 쓰시오.

1 나의 사장은 나에게 그 이메일을 보내라고 명령했다.
(order)
→ My boss ordered me to send the email.

2 나는 그에게 내 컴퓨터를 점검해달라고 부탁했다.
(ask)
→

3 그녀는 우리가 휴가를 떠나도록 허락했다.
(allow, take a vacation)
→

4 나의 부모님은 내가 성공하기를 기대한다.
(expect, succeed)
→

5 그녀는 내가 나가도록 허락했다.
(allow)
→

6 그는 나에게 새로운 직업을 구하라고 충고했다.
(advise, get)
→

7 그는 그 아이들이 그 컴퓨터 게임을 하게 했다.
(let)
→

5형식 목적격 보어 비교 II

나는 그 차가 고쳐지게 했다.

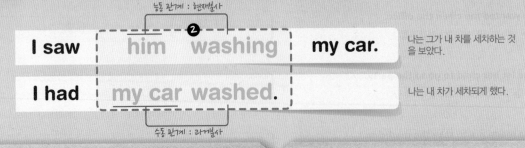

I got | the car repaired.

Check❶ 목적어와 목적격 보어의 관계에 따라 목적격 보어로 **현재분사**나 **과거분사**를 취할 수 있다.

Check❷ 목적어와 목적격 보어의 관계가 **능동**이면 **현재분사**, **수동**이면 **과거분사**를 취한다.

능동 관계 : 현재분사

I saw | him washing | **my car.**

나는 그가 내 차를 세차하는 것을 보았다.

I had | my car washed.

나는 내 차가 세차되게 했다.

수동 관계 : 과거분사

5형식 더 알아보기

➡ 목적격 보어로 현재분사나 과거분사를 취할 수 있는 동사와 지각동사의 목적격 보어 형태를 좀 더 알아보자.

✔ 5형식 문장에서 목적격 보어로 현재분사(능동)나 과거분사(수동)를 취하는 동사

 −지각동사(hear, see, feel 등), keep, find, 사역동사(have) 등

 ※ 단, 사역동사 make, get은 과거분사를 목적격 보어로 취할 수 있지만 현재분사는 불가능 하다.

✔ 지각동사는 목적어의 동작이 진행 중임을 강조할 때, 목적격 보어로 현재분사를 취할 수 있다.

 I saw him <u>crossing</u> the bridge. 나는 그가 다리를 건너고 있는 것을 보았다.

 = He was crossing the bridge when I saw him.

✅ Grammar 비교하며 익히기 · 다음 문장에서 알맞은 목적격 보어를 고르시오.

1 나는 그 차가 수리된 것을 발견했다.

I found the car repairing / (repaired) .

나는 그가 차를 수리하고 있는 것을 보았다.

I saw him repairing / repaired a car.

2 나는 그 탁자가 고쳐지도록 했다.

I got the table fixing / fixed .

나는 그가 그 탁자를 고치고 있는 것을 보았다.

I saw him fixing / fixed the table.

3 나는 내 숙제를 끝냈다.

I got my homework doing / done .

나는 그가 그의 숙제를 하고 있는 것을 보았다.

I saw him doing / done his homework.

4 나는 내 이름이 불리는 것을 들었다.

I heard my name calling / called .

나는 내 친구가 그녀를 부르고 있는 것을 들었다.

I heard my friend calling / called her.

5 나는 내 손목시계가 도난당한 것을 알아챘다.

I found my watch stealing / stolen .

나는 그녀가 내 손목시계를 훔치고 있는 것을 목격했다.

I caught her stealing / stolen my watch.

Sentence 비교하며 써보기

주어진 동사의 현재분사나 과거분사 형태를 사용해 문장을 완성하시오.

1 turn

I felt ___my face turning___ red.
나는 내 얼굴이 붉어지고 있는 것을 느꼈다.

I kept _____ on.
나는 그 전등을 (계속) 켜 두었다.

2 break

He found _____ .
그는 그 창문이 깨진 것을 발견했다.

I witnessed _____ .
나는 그가 법을 위반하고 있는 것을 목격했다.

3 steal

I caught _____ .
나는 그가 내 돈을 훔치고 있는 것을 목격했다.

I found _____ .
나는 내 지갑이 도난당한 것을 알았다.

4 solve

She had _____ .
그녀는 이 문제가 해결되게 했다.

She found _____ .
그녀는 그가 그 수학 문제를 풀고 있는 것을 발견했다.

5 call

I heard _____ .
나는 그녀의 이름이 불리는 것을 들었다.

I saw _____ .
나는 그가 그녀의 이름을 부르고 있는 것을 보았다.

6 do

I got _____ in time.
나는 내 숙제를 제시간에 끝냈다.

I saw _____ her homework.
나는 그녀가 숙제를 하고 있는 것을 보았다.

7 build

I got _____ .
나는 내 집이 지어지도록 했다.

I saw _____ a nest.
나는 그 새가 둥지를 틀고 있는 것을 보았다.

수행평가 SENTENCE WRITING

■ 다음 그림을 보고, 주어진 단어를 활용해 우리말에 맞게 문장을 쓰시오.

① _____
Peter는 그녀가 그를 보고 있는 것을 알아챘다. **(notice, watch)**

② _____
나는 그가 그 집안으로 침입하고 있는 것을 목격했다. **(witness, break into)**

Grammar Point 기초 목적격 보어: 과거분사 vs. 현재분사

▪ 다음 5형식 문장에서 알맞은 목적격 보어를 선택하시오.

found	I found the dog rescued / rescuing .	나는 그 개가 구출된 것을 발견했다.
	I found the boy lived / living alone.	나는 그 소년이 혼자 살고 있는 것을 발견했다.

→ 5형식은 목적격 보어로 분사를 취할 수 있다. 목적어와 목적격 보어의 관계가 수동이면 과거분사를 사용하고, 능동이면 현재분사를 사용한다.

Grammar for Writing 문장 쓰기

▪ 주어진 단어를 활용해 우리말에 맞게 문장을 쓰시오.

1 그녀는 그 차가 수리된 것을 발견했다.   **find, repair**   →   She found the car repaired.

2 그녀는 그가 차를 수리하고 있는 것을 보았다.   **see, repair**   →

3 나는 그 의자가 고쳐지게 했다.   **get, fix**   →

4 나는 누군가가 내 이름을 부르고 있는 것을 들었다.   **hear, call**   →

5 그는 그 새가 날아가고 있는 것을 보았다.   **see, fly away**   →

6 나는 그 전등이 켜져 있는 것을 발견했다.   **find, turn on**   →

7 나는 그가 차 안에 앉아 있는 것을 보았다.   **see, sit**   →

8 나는 내 숙제를 제시간에 끝냈다.   **get, do**   →

9 나는 그녀가 그녀의 숙제를 하고 있는 것을 보았다.   **see, do**   →

10 나는 그녀가 내 손목시계를 훔치고 있는 것을 목격했다.   **catch, steal**   →

Grammar for 서술형 기본·심화 문제 풀기

A 기본 어법상 **틀린** 부분을 바르게 고쳐 쓰시오.

1 I heard my name call.
나는 내 이름이 불리는 것을 들었다.

→ [I heard my name <u>called</u>.]

2 I have to get it finish by tonight.
나는 그것을 오늘 밤까지 끝내야 한다.

→ [ ]

3 She had this problem solving.
그녀는 이 문제가 해결되게 했다.

→ [ ]

4 I got my house build.
나는 내 집이 지어지도록 했다.

→ [ ]

5 I got my ankle to sprain while running.
나는 달리기를 하는 동안 내 발목을 삐었다.

→ [ ]

6 I found my wallet stealing.
나는 내 지갑이 도난당한 것을 알았다.

→ [ ]

B 심화 주어진 단어를 활용해 우리말에 맞게 문장을 쓰시오.

1 나는 내 친구가 그녀를 부르고 있는 것을 들었다.
(hear, call)

→ [I heard my friend calling her.]

2 나는 내 얼굴이 붉어지고 있는 것을 느꼈다.
(feel, turn)

→ [ ]

3 나는 3주마다 머리를 자른다.
(get, cut)

→ [ ]

4 그는 그 창문이 깨진 것을 발견했다.
(find, break)

→ [ ]

5 나는 나의 엄마가 일기를 쓰고 있는 것을 보았다.
(see, write)

→ [ ]

6 나는 그가 그 집안으로 침입하고 있는 것을 목격했다.
(witness, break into)

→ [ ]

7 나는 내 다리가 심하게 다쳤다는 것을 알았다.
(find, seriously injure)

→ [ ]

Part 1에 나오는 문장 정리

1. 나는 조용히 있었다.

→ I kept _____ .

2. 그 남자는 그녀를 우울하게 했다.

→ The man made _____

_____ .

3. 사람들은 그녀를 천사라고
   부른다.

→ People call _____

_____ .

4. 그것은 내가 새로운 직업을 찾게
   도왔다.

→ It helped _____

_____ .

5. 그는 그의 아이가 그 컴퓨터 게
   임을 하게 했다.

→ He let _____

_____ .

6. 나는 그가 그 차를 수리하도록
   부탁했다.

→ I asked _____

_____ .

7. 나는 그가 차 안에 앉아 있는 것
   을 보았다. (현재분사)

→ I saw _____

_____ .

8. 나는 그 의자가 고쳐지게 했다.

→ I got _____

_____ .

1. 5형식 문장의 형태와 목적격 보어

5형식 [주어+동사+목적어+목적격 보어]는 목적격 보어로 명사나 형용사를 취할 수 있다.

(단, 2형식은 목적어 없이 주격보어만 존재)

We consider **him a diligent manager.**	우리는 그를 근면한 매니저라고 여긴다.
목적어 목적격 보어(명사)	
We consider **him diligent.**	우리는 그를 부지런하다고 여긴다.
목적어 목적격 보어(형용사)	

문제로 정리

① I found her [lazy / a lazy girl] .   나는 그녀가 게으른 소녀임을 알아챘다.

② I found her [lazy / a lazy girl] .   나는 그녀가 게으른 것을 알아챘다.

2. 5형식 문장의 목적격 보어 비교

1) 동사에 따라 목적격 보어 자리에 **동사원형** 혹은 **to부정사**가 올 수 있다.

	동사원형을 취할 수 있는 동사	to부정사를 취할 수 있는 동사
5형식 목적격 보어 **동사원형** **vs.** **to부정사**	사역동사: let, have, make ＊ help는 목적격 보어로 동사원형과 to부정사를 모두 취한다.	예상, 바람: expect, want, wish
		권유: advise, encourage, persuade
	지각동사: see, notice, watch, hear …	요청, 지시: ask, require, force, order
		허락, 금지: allow, permit, leave, forbid

＊ 지각동사의 목적격 보어는 동사원형(사실 강조), 현재분사(동작 강조) 모두 가능하다.

2) 목적어와 목적격 보어의 관계가 **능동**이면 목적격 보어는 **현재분사**, **수동**이면
    과거분사를 취한다.

┌ 능동 ┐ I saw **him washing** my car. 목적어 목적격 보어(현재분사)	나는 그가 내 차를 세차하고 있는 것을 보았다.
┌ 수동 ┐ I had **my car washed.** 목적어 목적격 보어(과거분사)	나는 내 차가 세차되게 했다.

문제로 정리

③ I made him [leave / to leave] early.   나는 그가 일찍 떠나게 했다.

④ I got my homework [done / doing] in time.   나는 내 숙제를 제 시간에 끝냈다.

 ① a lazy girl ② lazy ③ leave ④ done

문장 정리 1. I kept quiet. 2. The man made her depressed. 3. People call her an angel.
4. It helped me (to) find a new job. 5. He let his child play the computer game.
6. I asked him to repair the car. 7. I saw him sitting in a car. 8. I got the chair fixed.

서술형 수행평가 **완벽** 대비

PART 2
시제

구성과 교과서 연계

Unit 1	현재완료 시제의 형태와 쓰임	두산(김) 4과, 천재(김) 10과, 능률(김) 1과
Unit 2	과거완료 시제의 형태와 쓰임	두산(김) 8과, 천재(김) 5과, 능률(김) 4과
Unit 3	현재완료진행 시제의 형태와 쓰임	두산(이) 1과, 천재(김) 2과, 능률(김) 3과

문법 마무리

🔵 중학 문법이 쓰기다 연계

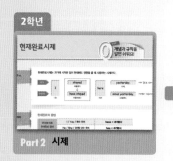

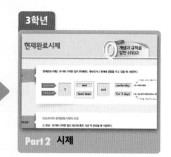

나는 3일째 아프다.

I **have been** sick for 3 days.

Check ❶ 현재완료 시제는 과거에 시작한 일이 **현재에도 계속**되거나 **영향을 줄 때** 사용하며, [**have(has)+과거분사**] 형태로 쓴다.

Check ❷ just처럼 현재완료 시제와 자주 함께 쓰이는 표현은 **for, since, already, yet, before** 등이 있다.

| He | **has been** | to China twice. | 그는 중국에 두 번 가본 적이 있다. (경험) |
| I | **have just phoned** ❷ | her. | 나는 지금 막 그녀에게 전화했다. (완료) |

현재완료 시제 더 알아보기

➜ 현재완료 시제의 부정문, 의문문의 형태를 살펴보고 현재완료 시제와 자주 함께 쓰이는 표현을 알아보자.

현재완료 시제의 부정문과 의문문	I **have** already **finished** the project. 나는 그 프로젝트를 이미 끝냈다.
	(부정문) → I **have not finished** the project yet. 나는 아직 그 프로젝트를 끝내지 않았다.
	(의문문) → **Have** you **finished** the project? 너는 그 프로젝트를 끝냈니?
현재완료 시제와 자주 함께 쓰이는 표현	완료 just, already, yet, …
	경험 ever, never, once, twice, often, before, …
	계속 [for+기간], [since+과거시점]

* 현재완료 시제는 yesterday, ago, when, last week, 특정 과거 시점을 나타내는 표현 등과 함께 쓰일 수 없다.

💬 Grammar 비교하며 익히기 · 다음 문장을 보고 알맞은 것을 고르시오.

1 나는 한 시간 전에 그 호텔에 도착했다.

I have just arrived / (arrived) at the hotel an hour ago.

나는 지금 막 그 호텔에 도착했다.

I have just arrived / arrived at the hotel.

2 나는 지난여름 프랑스를 방문했다.

I have visited / visited France last summer.

나는 프랑스를 두 번 방문한 적이 있다.

I have visited / visited France twice.

3 나는 어렸을 때부터 파리에서 살고 있다.

I have lived / lived in Paris since I was young.

나는 2년 전에 파리에서 살았다.

I have lived / lived in Paris two years ago.

4 나는 지난주에 그를 만나지 않았다.

I didn't meet / haven't met him last week.

나는 그를 지난주부터 만나지 않았다.

I didn't meet / haven't met him since last week.

5 너는 언제 일본에 갔니?

When did you go / have you been to Japan?

너는 일본에 가본 적 있니? (경험)

Did you go / Have you been to Japan?

Sentence 비교하며 써보기

🖊 주어진 단어를 활용해 현재완료 시제 문장을 완성하시오.

1 stay

I [have stayed] at the hotel since last week. | 나는 지난주부터 그 호텔에 머물고 있다.

I [   ] at the hotel. | 나는 그 호텔에 머문 적이 없다.

2 be

She [   ] to Japan. | 그녀는 일본에 가본 적이 있다.

[   ] to Japan? | 그녀는 일본에 가본 적이 있니?

3 meet

He [   ] the musician once. | 그는 그 음악가를 한 번 만난 적이 있다.

He [   ] the musician before. | 그는 그 음악가를 전에 만난 적이 없다.

4 pay

I [   ] already [   ] the bill. | 나는 그 계산서를 이미 지불했다.

I [   ] the bill yet. | 나는 그 계산서를 아직 지불하지 않았다.

5 know

I [   ] her since I was young. | 나는 어렸을 때부터 그녀를 알았다.

How long [   ] her? | 너는 그녀를 안 지 얼마나 됐니?

6 see

They [   ] a ghost. | 그들은 유령을 본 적이 있다.

[   ] a ghost? | 그들은 유령을 본 적이 있니?

7 live

She [   ] in London for 5 years. | 그녀는 5년째 런던에 살고 있다.

How long [   ] in London? | 그녀는 런던에 산 지 얼마나 됐니?

수행평가 SENTENCE WRITING

■ 다음 글을 읽고, 괄호 안의 단어를 활용해 우리말에 맞게 문장을 완성하시오.

[조건] 반드시 현재완료 시제를 사용할 것

① 나는 최근에 Tom을 본 적이 없다 (recently). ② 나는 그에게 몇 번 전화했다 (several times) this week to check up on him. But ③ 그는 전혀 전화를 받지 않았다 (never, pick up) . He has disappeared into thin air.

① ____I have not(haven't) seen Tom recently._____

② _____

③ _____

Grammar Point 기초 현재완료 시제의 쓰임

▪ 주어진 형태 중 알맞은 것을 골라 현재완료 문장을 완성하시오.

완료	I phoned / ⟨have just phoned⟩ her.	나는 지금 막 그녀에게 전화했다.
경험	I went / have been to China twice.	나는 중국에 두 번 가본 적이 있다.
결과	I bought / have bought a new car.	나는 새 차를 샀다. (그리고 현재 그 차가 있다.)
계속	I lived / have lived in London since 2011.	나는 2011년부터 런던에서 살고 있다.

→ 현재완료 시제는 과거에 시작한 일이 현재도 계속되고 있거나 과거에 발생한 일이 현재까지 영향을 주고 있을 때 사용한다.

Grammar for Writing 문장 쓰기

▪ 주어진 단어를 활용해 우리말에 맞게 문장을 완성하시오.

1 나는 한 시간 전에 그 호텔에 도착했다.   **arrive**   →   I arrived at the hotel   an hour ago.

2 나는 지난주부터 그 호텔에 머물고 있다.   **stay**   →   since last week.

3 나는 지난여름 프랑스를 방문했다.   **visit**   →   last summer.

4 나는 프랑스를 두 번 방문한 적이 있다.   **visit**   →   twice.

5 그는 5년째 파리에서 살고 있다.   **live**   →   for 5 years.

6 나는 어렸을 때부터 그녀를 알았다.   **know**   →   since I was young.

7 나는 아직 그 방을 청소하지 않았다.   **clean**   →   yet.

8 그들은 그들의 숙제를 다 했니?   **finish**   →   their homework?

9 그녀는 일본에 가본 적이 있니?   **be**   →   to Japan?

10 나는 전에 유럽에 가본 적이 없다.   **be**   →   to Europe before.

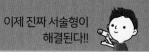
Grammar for 서술형 기본·심화 문제 풀기

A 기본 어법상 틀린 부분을 바르게 고쳐 쓰시오.

1 I met the actor once.
나는 그 배우를 한 번 만난 적이 있다.

→ I <u>have met</u> the actor once.

2 The Korean War has broken out in 1950.
한국 전쟁은 1950년에 일어났다.

→

3 She have waited for me for three hours.
그녀는 나를 세 시간 동안 기다렸다.

→

4 I hasn't met him since last year.
나는 작년 이래로 그를 만난 적이 없다.

→

5 Have you see a ghost?
너는 유령을 본 적이 있니? (경험)

→

6 I have lived in Paris two years ago.
나는 2년 전에 파리에서 살았다.

→

B 심화 주어진 단어를 활용해 우리말에 맞게 현재완료 시제 문장을 완성하시오.

1 나는 바람 좀 쐬러 밖에 있었다.
(be)

→ I have been outside to get some fresh air.

2 나는 그 음악가를 한 번 만난 적이 있다.
(meet)

→ once.

3 그는 창문을 깨뜨려 버렸다.
(break)

→ the window.

4 나는 점심으로 파스타를 먹었다.
(eat)

→ for lunch.

5 그는 아직 도착하지 않았다.
(arrive)

→ yet.

6 나는 전에 해외여행을 전혀 해본 적이 없다.
(travel abroad)

→ never before.

7 나는 열 시간 동안 수학 공부를 했어.
(study)

→ for 10 hours.

나는 그곳에 내 코트를 두고 온 것을 깨달았다.

I realized that I [had left] my coat there.

Check❶ 과거에 일어난 사건들의 순서를 나열해 말할 때, **먼저 일어난 사건**에는 **과거완료 시제 [had+과거분사]**를 사용한다.
Check❷ before와 같이 사건의 순서를 명확하게 알 수 있는 **접속사**가 있는 경우에는 과거완료 시제 대신 **단순과거 시제**를 사용하기도 한다.

I couldn't believe he [had eaten] my lunch.
나는 그가 내 점심을 먹었다는 것을 믿을 수 없었다.

I [had left] the room [before] she came back.
나는 그녀가 돌아오기 전에 그 방을 떠났다.

= I left the room before she came back.

과거완료 시제 더 알아보기

→ 과거완료 시제는 특정 과거 시점까지의 동작이나 상태의 **완료, 계속, 경험** 등을 나타낸다. 그림을 통해 자세히 알아보고, 과거완료 시제의 부정문, 의문문의 형태를 살펴보자.

✔ 과거완료 시제의 쓰임

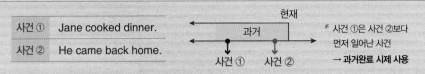

사건 ① Jane cooked dinner.
사건 ② He came back home.

현재
과거
사건 ①   사건 ②

* 사건 ①은 사건 ②보다 먼저 일어난 사건
→ 과거완료 시제 사용

Jane **had cooked** dinner when he came back home. 그가 집에 돌아왔을 때, Jane은 (그전에) 저녁을 요리했다.
(부정문) → Jane **had not cooked** dinner when he came back home.
(의문문) → **Had** Jane **cooked** dinner when he came back home?

💬 Grammar 비교하며 익히기 ▪ 주어진 단어를 활용해 문장을 완성하시오.

1 wash
I [washed] the dishes yesterday. 나는 어제 설거지를 했다.
I ____ the dishes when you came. 네가 왔을 때, 나는 (그전에) 설거지를 했다.

2 leave
You ____ home in the morning. 너는 아침에 집을 떠났다.
When I called you, you ____ home. 내가 너에게 전화했을 때, 너는 (그전에) 집을 떠나고 없었다.

3 lose
I ____ my bag yesterday. 나는 어제 내 가방을 잃어버렸다.
I found my bag that I ____ . 나는 잃어버렸던 내 가방을 찾았다.

4 fall
He ____ asleep after the soccer game. 그는 그 축구 경기 후에 잠이 들었다.
He ____ asleep when I came home. 내가 집에 왔을 때, 그는 잠이 들어 있었다.

5 end
The show ____ at 8 p.m. 그 쇼는 오후 8시에 끝났다.
The show ____ when we arrived there. 우리가 그곳에 도착했을 때, 그 쇼는 끝나 있었다.

Sentence 비교하며 써보기

주어진 단어를 활용해 단순과거 시제와 과거완료 시제 문장을 완성하시오.

1 **leave**

He left home yesterday. — 그는 어제 집을 떠났다.

When I came back home, he _____ . — 내가 집에 돌아왔을 때, 그는 이미 떠나고 없었다.

2 **give**

_____ to her. — 그는 그녀에게 그 반지를 줬다.

She lost the ring that _____ . — 그녀는 그가 그녀에게 줬던 그 반지를 잃어버렸다.

3 **meet**

_____ last week. — 나는 지난주에 그녀를 만났다.

I was sure that _____ before. — 나는 전에 그녀를 만났던 적이 있다고 확신했다.

4 **finish**

_____ my dinner. — 나는 저녁 식사를 마쳤다.

_____ my dinner when he came. — 그가 왔을 때, 나는 이미 저녁 식사를 마친 상태였다.

5 **say**

_____ to me. — 내 친구는 나에게 그 소식을 말했다.

I couldn't remember _____ . — 나는 내 친구가 (그전에) 무엇을 말했는지 기억할 수 없었다.

6 **wake**

_____ this morning. — 나는 오늘 아침에 늦게 일어났다.

I skipped breakfast _____ . — 나는 늦게 일어났기 때문에 아침을 먹지 않았다.

7 **be**

_____ depressed. — 나는 우울했다.

_____ until I got a job. — 나는 직장을 얻을 때까지 우울했다.

수행평가 SENTENCE WRITING

■ 주어진 두 문장을 그 의미가 통하도록 한 문장으로 바꿔 쓰시오.   조건 단순과거 시제와 과거완료 시제를 모두 사용할 것

①
순서	내용
사건 1	Somebody broke into the office.
사건 2	Anna arrived at work in the morning.

②
순서	내용
사건 1	I woke up late.
사건 2	I missed the bus.

① When Anna _____ , somebody _____ .
Anna가 아침에 회사에 도착했을 때, 누군가가 (그전에) 사무실에 침입했다.

② _____ because _____ .
나는 늦게 일어났기 때문에 버스를 놓쳤다.

Grammar Point 기초 과거완료 시제의 쓰임

▪ 다음 표를 보고 아래의 문장을 완성하시오.

| 1:00 p.m. | I finished my homework. | 나는 숙제를 마쳤다. |
| 2:30 p.m. | I went to the park. | 나는 공원에 갔다. |

When I [   ] to the park, I [   ] already [   ] my homework.

내가 공원에 갔었을 때, 나는 (그전에) 이미 숙제를 마친 상태였다.

→ 과거에 일어난 사건들의 순서를 나열해 말할 때, 먼저 일어난 사건은 과거완료 시제인 [had+과거분사]를 사용한다.

Grammar for Writing 문장 쓰기

▪ 주어진 단어를 활용해 우리말에 맞게 문장을 완성하시오.

1 나는 어제 설거지를 했다.   **wash** → | I washed the dishes | yesterday.

2 네가 왔을 때, 나는 (그전에) 설거지를 해놓았다.   **wash** → [   ] when you came.

3 나는 아침에 집을 떠났다.   **leave** → [   ] in the morning.

4 내가 왔을 때, 너는 (그전에) 집을 떠나고 없었다.   **leave** → When I came, [   ] .

5 나는 그가 돌아온 것을 믿을 수 없다.   **come back** → I can't believe [   ] .

6 나는 어제 내 가방을 잃어버렸다.   **lose** → [   ] yesterday.

7 네가 나에게 전화하기 전에 나는 집을 떠나고 없었다.   **phone** → I had left home [   ] .

8 내가 (먼저) 집을 떠난 후에 네가 나에게 전화했다.   **phone** → [   ] after I had left home.

9 내가 (먼저) 집을 청소한 후에 그가 왔다.   **clean** → [   ] , he came.

10 우리가 그곳에 도착하기 전에 그는 떠났다.   **arrive** → [   ] , he had left.

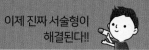

Grammar for 서술형 기본 · 심화 문제 풀기

A 기본　보기에서 알맞은 단어를 선택해 우리말에 맞게 과거완료 시제 문장을 완성하시오.

보기

finish

lose

wake up

meet

go

give

1 I was sure that ⟨ I had met her before ⟩ .

나는 전에 그녀를 만났던 적이 있다고 확신했다.

2 When I came back to see him, ⟨　　　　　　⟩ .

내가 그를 보러 돌아왔을 때, 그는 (그전에) 이미 가버리고 없었다.

3 She lost the ring that ⟨　　　　　　⟩ .

그녀는 그가 그녀에게 줬던 그 반지를 잃어버렸다.

4 ⟨　　　　　　⟩ when he came.

그가 왔을 때 나는 이미 (그전에) 저녁 식사를 마친 상태였다.

5 I found my bag ⟨　　　　　　⟩ .

나는 잃어버렸던 내 가방을 찾았다.

6 I missed the bus ⟨　　　　　　⟩ .

나는 늦게 일어났기 때문에 버스를 놓쳤다.

B 심화　주어진 단어를 활용해 우리말에 맞게 과거완료 시제 문장을 완성하시오.

1 나는 직장을 얻을 때까지 우울했다.
(be depressed)

→ ⟨ I had been depressed ⟩ until I got a job.

2 내가 그녀를 방문했을 때, 그녀는 파리에
3년째 살고 있었다. **(live)**

→ ⟨　　　　　　⟩ when I visited her.

3 나는 공부를 열심히 안 했기 때문에 시험
을 잘 볼 수 없었다. **(study)**

→ I couldn't do well on the test ⟨　　　　　　⟩ .

4 어제 나는 어딘가에 내 코트를 두고 왔던
것을 깨달았다. **(leave)**

→ Yesterday I realized that ⟨　　　　　　⟩ .

5 그는 전에 한 번도 비행기를 타본 적이
없었기 때문에 긴장했다. **(fly, never)**

→ He was nervous because ⟨　　　　　　⟩ .

6 내가 버스 정류장에 도착했을 때,
그 버스는 이미 떠나고 없었다. **(leave)**

→ ⟨　　　　　　⟩ when I arrived at the bus stop.

7 그가 집에 도착했을 때, 그의 가족은
이미 저녁을 먹은 상태였다. **(eat)**

→ When he arrived home, ⟨　　　　　　⟩ .

나는 오늘 아침부터 (계속) 공부하고 있다.

I ┆ have been studying ┆ since this morning.
❶

Check ❶ 현재완료진행 시제는 과거에서 현재까지 계속 진행되고 있는 동작, 상태를 나타낸다.

Check ❷ 현재완료진행 시제는 [have(has) been+동사ing] 형태로 쓴다. ⟶ 현재완료 시제보다 현재 그 상황(사건)이
진행 중임을 더 강조해요.

| It started raining yesterday. | + | It is still raining. |

❷
= It ┆ has been raining ┆ since yesterday .

어제부터 (계속) 비가
내리고 있다.

⟶ 어제부터 시작된 비가 현재까지 내리고 있다는 표현이에요.

⟶ Unit 2를 참고하세요.

시제 판단의 요인

⟶ 문장을 구성할 때 어떤 시제를 사용해야 하는지 시제 판단의 요인을 알아 보자.

| 단순과거 vs. 현재완료 | I **visited** / have visited Japan last month. 나는 지난달에 일본을 방문했다.
 → 단순과거: 사건이 일어난 명확한 시점이 있음
 I visited / **have visited** Japan once. 나는 일본을 한 번 방문한 적이 있다.
 → 현재완료: 명확한 시점이 없고, 경험에 대한 표현을 함 |
| 현재완료 vs. 현재완료진행 | I **have written** / have been writing three letters. 나는 세 개의 편지들을 썼다.
 → 현재완료: 동작이 완료된 결과를 강조
 I have written / **have been writing** for an hour. 나는 한 시간째 편지를 쓰고 있다.
 → 현재완료진행: 과거에 시작된 동작이 현재까지 진행되고 있음을 강조 |

✅ Grammar 비교하며 익히기 • 주어진 단어를 활용해 현재완료 시제와 현재완료진행 시제 문장을 완성하시오.

1 study

I | have studied | math for three hours. 나는 세 시간 동안 수학을 공부했다.

I | _____ | math for three hours. 나는 세 시간째 수학을 공부하고 있다.

2 read

I | _____ | the book before. 나는 그 책을 전에 읽은 적이 있다.

I | _____ | the book since yesterday. 나는 어제부터 그 책을 읽고 있다.

3 clean

I | _____ | for three hours. 나는 세 시간 동안 청소했다.

I | _____ | for three hours. 나는 세 시간째 청소하고 있다.

4 work

He | _____ | for 12 hours. 그는 12시간 동안 일했다.

He | _____ | for 12 hours. 그는 12시간째 일하고 있다.

5 paint

He | _____ | the ceiling. 그는 천장을 페인트칠 했다.

He | _____ | the ceiling for an hour. 그는 한 시간째 천장을 페인트칠 하고 있다.

문법이 쓰기다 서술형

Sentence 비교하며 써보기

주어진 단어를 활용해 현재완료 시제와 현재완료진행 시제 문장을 완성하시오.

1 **wait**

He ____has waited____ for an hour. 그는 한 시간 동안 기다렸다.

He _____ for an hour. 그는 한 시간째 기다리고 있다.

2 **read**

She ____ just _____ . 그녀는 그 책을 막 다 읽었다.

She _____ for two hours. 그녀는 두 시간째 그 책을 읽고 있다.

3 **fix**

I _____ . 나는 그의 컴퓨터를 고쳤다.

I _____ for an hour. 나는 그의 컴퓨터를 한 시간째 고치고 있다.

4 **paint**

I _____ blue. 나는 내 방을 파란색으로 칠했다.

I _____ since this morning. 나는 오늘 아침부터 내 방을 칠하고 있다.

5 **hide**

The cat _____ her kittens. 그 고양이는 그녀의 새끼 고양이들을 숨겼다.

The cat _____ since yesterday. 그 고양이는 어제부터 새끼 고양이들을 숨기고 있다.

6 **do**

We ____ already ____ our homework. 우리는 우리의 숙제를 이미 끝냈다.

We _____ our homework for two hours. 우리는 두 시간째 우리의 숙제를 하고 있다.

7 **prepare**

They _____ a surprise party for her. 그들은 그녀를 위한 깜짝 파티를 준비했다.

They _____ since last week. 그들은 지난주부터 그 파티를 준비하고 있다.

수행평가 SENTENCE WRITING

■ 주어진 두 문장을 그 의미가 통하도록 한 문장으로 바꿔 쓰시오.   [조건] 현재완료진행 시제로 쓸 것

She began watching TV at 3.

She is still watching TV.

→ ① _____ for three hours.

그녀는 세 시간째 TV를 보고 있다.

We started preparing for the party last week.

We are still preparing.

→ ② _____ since

last week.

우리는 지난주부터 그 파티를 준비하고 있다.

Grammar Point 기초 현재완료진행 시제의 쓰임

- 다음 두 문장을 그 의미가 통하도록 한 문장으로 쓰시오.

· It started raining yesterday.	어제 비가 내리기 시작했다.
· It is still raining.	여전히 비가 내리고 있다.
→ It ⬚ ⬚ ⬚ since yesterday.	어제부터 (계속) 비가 내리고 있다.

→ 현재완료진행 시제는 과거에서 현재까지 계속 진행되고 있는 동작, 상태를 나타내고 [have(has) been+동사ing] 형태로 사용한다.

Grammar for Writing 문장 쓰기

■ 주어진 단어를 활용해 우리말에 맞게 문장을 완성하시오.

1 너는 오늘 아침부터 (계속) 공부하고 있다.   **study**   → You have been studying   since this morning.

2 그는 오늘 아침부터 (계속) 그 차를 고치고 있다. **fix**   →   since this morning.

3 너는 (계속) 좋은 결과를 얻고 있다.   **get**   →   good results.

4 그는 12시간째 (계속) 일하고 있다.   **work**   →   for 12 hours.

5 나는 지난주에 중국을 방문했다.   **visit**   →   last week.

6 나는 세 시간 동안 청소했다.(완료 강조)   **clean**   →   for three hours.

7 나는 세 시간째 (계속) 청소하고 있다.   **clean**   →   for three hours.

8 그는 2013년 이래로 런던에 살고 있다.   **live**   →   since 2013.

9 나는 몇 달째 운동하고 있어.   **work out**   →   for months.

10 그는 아직 도착하지 않았다.   **arrive**   →   yet.

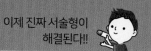

Grammar for 서술형 기본·심화 문제 풀기

A 기본 보기에서 알맞은 단어를 선택해 우리말에 맞게 문장을 완성하시오.

보기

read

fix

paint

hide

sleep

wait

1 [I have been reading the book] for two hours.
나는 그 책을 두 시간째 읽고 있다. (현재완료진행)

2 [   ] for an hour.
나는 한 시간 동안 기다렸다. (현재완료)

3 [   ] for an hour.
그는 내 컴퓨터를 한 시간째 고치고 있다. (현재완료진행)

4 [   ] since this morning.
나는 오늘 아침부터 내 방을 칠하고 있다. (현재완료진행)

5 [   ] for months.
그 고양이는 몇 달 동안 새끼 고양이들을 숨겨 왔다. (현재완료)

6 [   ] for hours.
그는 몇 시간째 자고 있다. (현재완료진행)

B 심화 현재완료진행 시제를 사용해 우리말에 맞게 문장을 완성하시오.

1 나는 오후 3시부터 영어 공부를 하고 있다.
(study)
→ [I have been studying English] since 3 p.m.

2 우리는 두 시간째 밖에서 놀고 있다.
(play)
→ [   ] for two hours.

3 나는 너의 이메일을 막 읽었다.
(read)
→ [   ] just [   ] .

4 그녀는 두 시간째 숙제를 하고 있다.
(do)
→ [   ] for two hours.

5 Brian은 졸업하고 나서부터 계속 직업을
찾고 있는 중이다. **(look for)**
→ [   ] since he graduated.

6 나는 오늘 아침부터 그를 기다리고 있다.
(wait for)
→ [   ] since this morning.

7 그 아기는 한 시간째 울고 있다.
(cry)
→ [   ] for an hour.

교과서 **문법** 마무리 　개념 정리 ➕ 문장 정리 ➕ 문제 유형

Part 2에 나오는 문장 정리

■ 현재완료 시제로 쓰시오.

1. 그녀는 5년째 런던에 살고 있다.

→ She _____

_____ for 5 years.

2. 너는 전에 유럽에 가본 적이 있니?

→ _____

_____ before?

3. 그는 창문을 깨뜨려 버렸다.

→ He _____

_____ .

■ 과거완료 시제로 쓰시오.

4. 우리가 그곳에 도착하기 전에 그는 떠났다.

→ Before we arrived there,

he _____ .

5. 내가 집을 청소한 후에 그가 왔다.

→ After I _____

my house, he came.

■ 현재완료진행 시제로 쓰시오.

6. 나는 어제부터 그 책을 읽고 있다.

→ I _____

_____ since yesterday.

7. 나는 세 시간째 청소하고 있다.

→ I _____

_____ for three hours.

8. 그 아기는 한 시간째 울고 있다.

→ The baby _____

_____ for an hour.

1. 현재완료 시제의 형태와 쓰임

He **has been** to China twice. 　vs. 　He **went** to China last year.
그는 중국에 두 번 가본 적이 있다.(현재완료) 　　　　그는 작년에 중국에 갔다.(과거)

과거에 시작한 일이 현재에도 계속되거나 현재에 영향을 줄 때 **현재완료 시제 [have(has)+과거분사]**를 사용한다.

＊ 현재완료 시제는 경험, 완료, 결과, 계속의 의미를 가진다.

✔ 현재완료 시제와 함께 쓰일 수 있는 표현과 함께 쓰일 수 없는 표현을 알아보자.

함께 쓰일 수 있는 표현	함께 쓰일 수 없는 표현
완료 just, already, yet, … **경험** ever, never, once, twice, often, before, … **계속** [for+기간], [since+시점]	특정 과거 시점을 나타내는 표현, ago, yesterday, when, last week, ...

문제로 정리

① I 〔 visited / have visited 〕 France last summer. 　나는 지난여름에 프랑스를 방문했다.

② I 〔 visited / have visited 〕 France twice. 　나는 프랑스를 두 번 방문한 적이 있다.

2. 과거완료 시제의 형태와 쓰임

Before I came here, I **had spoken** to her. 　내가 여기에 오기 전에 나는 그녀에게 말했다.
└── 사건 ② ──┘ 　└── 사건 ① ──┘

과거에 일어난 사건들의 순서를 나열해 말할 때, 먼저 일어난 사건에는 **과거완료 시제 [had+과거분사]**를 사용한다.

＊ before, after처럼 명백한 시간 순서를 나타내는 표현이 있는 경우 과거완료 시제 대신 단순과거 시제를 쓰기도 한다.

3. 현재완료진행 시제의 형태와 쓰임

I **have been studying** since this morning. 　나는 아침부터 공부하고 있다.
= I started studying this morning, and I'm still studying.

과거에서 현재까지 계속 진행되고 있는 동작이나 상태를 나타낼 때 **현재완료진행 시제 [have(has)+been+동사-ing]**를 사용한다.

＊ 현재완료는 주로 동작의 결과, 현재완료진행은 주로 진행되고 있는 동작을 강조할 때 사용한다.

문제로 정리

③ I lost the ring that she 〔 gave / had given 〕 to me. 　나는 그녀가 나에게 줬던 반지를 잃어버렸다.

④ He has 〔 fixed / been fixing 〕 the computer for two hours. 　그는 컴퓨터를 두 시간째 고치고 있다.

 ① visited 　② have visited 　③ had given 　④ been fixing

 1. She has lived in London for 5 years. 　2. Have you been to Europe before? 　3. He has broken the window. 　4. Before we arrived there, he had left. 　5. After I had cleaned my house, he came. 　6. I have been reading the book since yesterday. 　7. I have been cleaning for three hours. 　8. The baby has been crying for an hour.

서술형 수행평가 **완벽** 대비

PART 3

조동사

구성과 교과서 연계

Unit 1 조동사의 쓰임 I	두산(김) 5과, 천재(김) 5과
Unit 2 조동사의 쓰임 II	천재(이) 9과, 미래엔(배) 9과
Unit 3 과거에 대한 추측·후회	두산(김) 5과, 천재(김) 4과, 금성(민) 7과
문법 마무리	

중학 문법이 쓰기다 연계

1학년	2학년	3학년
조동사 can, may	조동사의 쓰임 1	조동사의 쓰임 I
Part 6 조동사	Part 3 조동사	Part 3 조동사

조동사의 쓰임 I

너는 오늘 밤 일찍 떠나도 된다.

You | can | leave early tonight.

Check❶ can은 **추측, 허락, 능력**의 의미로 사용할 수 있고, 추측의 의미로는 **can** 이외에도 **추측의 정도**에 따라 **must, should, may**를 사용할 수 있다.

Check❷ **may**는 **추측과 허락**의 의미로 사용할 수 있다.

| He | may | be tired by now. | 그는 지금쯤 피곤할지도 모른다. (추측) |

| May | I | stay here? | 제가 여기 머물러도 되나요? (허락) |

추측, 허락, 능력을 나타내는 조동사

→ 문맥을 고려해 **추측, 허락, 능력**을 나타내는 조동사를 적절히 사용해야 한다.

추측	must ~임에 틀림없다 ↔ can't ~일 리가 없다	허락	may ~해도 된다
	should ~일 것이다		can ~해도 된다 * could can보다 더 공손한 표현
	can ~할 수 있다		
	may ~할지도 모른다 * might may보다 약한 추측	능력	can ~할 수 있다 = be able to * could can의 과거형

* can의 의미는 문맥에 따라 그 의미가 미묘하게 달라질 수 있는데, '허가'를 묻는 can(could)은 '완곡한 요청'을 나타낼 수 있다.

✅ Grammar 비교하며 익히기 ▪ 우리말에 맞게 알맞은 조동사를 고르시오.

1 그들은 지금쯤 거기에 있을지도 모른다.

They (may) / can't be there by now.

그들은 지금쯤 거기에 있을 리가 없다.

They may / can't be there by now.

2 그는 우리와 함께 올 수 있었다.

He might / could come with us.

그는 우리와 함께 올지도 모른다.

He might / must come with us.

3 밖이 매우 추운 게 틀림없다.

It must / can't be very cold outside.

밖이 그렇게 추울 리가 없다.

It must / can't be that cold outside.

4 그것은 Susan 것일지도 모른다.

It must / may be Susan's.

그것은 Susan 것임이 틀림없다.

It must / may be Susan's.

5 나는 운전할 수 있다.

I can / could drive a car.

저를 도와주실 수 있나요?

Should / Could you help me, please?

Sentence 비교하며 써보기

주어진 단어를 이용하여 우리말에 맞게 영어 문장을 완성하시오.

1 나는 혼자 그 상황을 감당할 수 있다. (can)

I [can manage] the situation by myself.

나는 나중에 그 파티에 갈 수 있다. (can)

I [   ] later.

2 나는 안전하게 집에 돌아갈 수 있다. (can)

I [   ] safely.

나는 안전하게 집에 돌아갈 수 있었다. (could)

I [   ] safely.

3 그것은 너에게 도움이 될 것이 틀림없다. (must)

It [   ] to you.

그것은 너에게 도움이 될 리가 없다. (can't)

It [   ] to you.

4 너는 지금 여기를 떠나도 된다. (can)

You [   ] now.

너는 지금 여기를 떠나도 된다. (may)

You [   ] now.

5 당신께 질문 몇 개 드려도 되겠습니까? (may)

[   ] some questions?

오늘 이따가 비가 올지도(rain) 모르겠다. (may)

It [   ] today.

6 그녀는 슬픈 것임이 틀림없다. (must)

She [   ] .

그는 안전할 것이다. (should)

He [   ] .

7 우리는 너의 자전거를 찾을 수 있을 것이다. (be able to)

We [   ] find your bike.

그녀는 그 개를 치료할 수 없었다. (be able to)

She [   ] cure the dog.

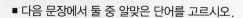

■ 다음 문장에서 둘 중 알맞은 단어를 고르시오.

1
I (could) / can not sleep last night.

2
Jane might / must be happy. I know her very well.

3
Could / Must you tell me how to get to the airport?

Grammar Point 기초 조동사 – 능력, 허락, 추측

- 주어진 문장을 보고 조동사 can의 쓰임에 맞게 해석하시오.

능력	I **can** swim like a fish.	→	나는 물고기처럼 수영할 수 있다.
허락	You **can** leave early tonight.	→	
추측	It **can't** be that cold in summer.	→	

→ 조동사는 혼자 쓰이지 못하고 다른 동사와 함께 쓰이며 그 동사에 조동사의 의미를 더해준다. 조동사는 주로 능력, 추측, 허락을 나타내며, can, may, must, should 등이 있다.

Grammar for Writing 문장 쓰기

- 주어진 조동사를 활용하여 우리말에 맞게 문장을 완성하시오.

1 나는 안전하게 집에 돌아갈 수 있었다.　**could**　→　I could go back home　safely.

2 너는 내 휴대전화를 사용해도 된다.　**can**　→　my cellphone.

3 그것은 Susan 것임이 틀림없다.　**must**　→　Susan's.

4 너는 우리와 함께 여기에 머물러도 좋다.　**may**　→　with us.

5 그녀는 지금쯤 집에 있을 리가 없다.　**can't**　→　by now.

6 그들은 지금쯤 거기에 있을지도 모른다.　**may**　→　by now.

7 그는 우리와 함께 갈 수 있었다.　**could**　→　with us.

8 그는 우리와 함께 올지도 모른다.　**might**　→　with us.

9 오늘 이따가 비가 올지도 모르겠다.　**may**　→　today.

10 저를 도와주실 수 있나요?　**could**　→　, please?

Grammar for 서술형 기본·심화 문제 풀기

A 기본 주어진 어구를 알맞게 배열해 우리말에 맞게 문장을 쓰시오.

1	see, we, could, together, the show	→	We could see the show together.
			우리는 그 쇼를 함께 볼 수 있었다.
2	manage, the situation, himself, he, by, can	→	
			그는 그 상황을 혼자 감당할 수 있다.
3	tired, must, after, the trip, you, be	→	
			너는 그 여행 후에 피곤할 것임이 틀림없다.
4	can't, to, it, be, you, helpful	→	
			그것은 너에게 도움이 될 리가 없다.
5	will, to, able, find, bike, we, be, your	→	
			우리는 네 자전거를 찾을 수 있을 것이다.
6	now, leave, you, me, may	→	
			너는 지금 나를 떠나도 된다.

B 심화 주어진 단어를 활용해 우리말에 맞게 문장을 완성하시오.

1	어느 아이든 자라서 대통령이 될 수 있다. (can)	→	Any child can grow up	to be president.
2	그러한 긴(힘든) 하루 후에 너는 녹초가 될(exhausted) 것임이 틀림없다. (must)	→		after such a long day.
3	밖이 매우 추운 게 틀림없다. (must)	→		outside.
4	모두가 건물에서 빠져나올 수 있었다. (be able to)	→		escape from the building.
5	부탁 하나만 들어주실 수 있나요? (could)	→		a favor?
6	나는 나중에 그 파티에 갈 수 있다. (can)	→		later.
7	나는 지난밤에 잘 수가 없었다. (could)	→		last night.

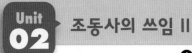
너는 지금 네 안전띠를 매야만 한다.

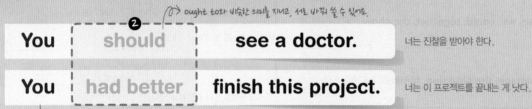

You ⟦ must ⟧ fasten your seatbelt now.
↳ have to와 비슷한 의미를 지니고, 서로 바꿔 쓸 수 있어요.

Check❶ 조동사 **must**는 추측 외에도 **의무**(~해야 한다)를 나타낼 수 있다.
Check❷ 의무, 충고, 조언을 나타내는 조동사에는 **must, should, had better** 등이 있다.

↳ ought to와 비슷한 의미를 지니고, 서로 바꿔 쓸 수 있어요.

| You | ❷ should | see a doctor. | 너는 진찰을 받아야 한다. |
| You | had better | finish this project. | 너는 이 프로젝트를 끝내는 게 낫다. |

↳ You had better는 You'd better로 줄여 쓸 수 있어요.

의무/ 충고/ 조언을 나타내는 조동사의 부정문

→ **조동사의 부정문**을 만들 때 **not**은 조동사 뒤에 위치한다. 특히, had better not에서 not의 위치에 주의한다.

You must **not** cheat on the test. 너는 시험에서 부정행위를 저질러서는 안 된다.

You should **not** tell her about it. 너는 그녀에게 그것에 대해 말해서는 안 된다.
= You ought **not** to tell her about it.

You had better **not** tease the dog. 너는 그 개를 괴롭히지 않는 게 좋겠다.

* should 생략: 제안, 요구, 명령, 주장 등을 의미하는 동사의 목적절(that절)이 명령의 의미를 내포하는 경우, 조동사 should는 생략될 수 있다. ↳ suggest, demand, command, insist 등
They **suggested** [that Jake **(should) follow** the rule]. 그들은 Jake가 그 규칙을 따라야 한다고 제안했다.

💬 Grammar 비교하며 익히기 ▪ 다음 문장을 보고 알맞은 표현을 고르시오.

1
You ⟨**must come**⟩ / must not come here. 너는 여기에 와야 한다.

You must not to come / **must not come** here. 너는 여기에 오면 안 된다.

2
You **should get** / should not get back to work. 너는 일터로 돌아가야 한다.

You **ought to get** / ought get to back to work. 너는 일터로 돌아가야 한다.

3
She'd better to go / **better go** to bed early. 그녀는 일찍 잠자리에 드는 게 낫다.

They had better not / **must** wear their uniform. 그들은 그들의 유니폼을 입어야 한다.

4
We **ought to meet** / ought meet late. 우리는 늦게 만나야 한다.

We ought to not meet / **ought not to meet** late. 우리는 늦게 만나지 않아야 한다.

5
The doctor insisted that he **should take** / takes a rest. 그 의사는 그가 휴식을 취해야 한다고 주장했다.

They suggested that he **take** / takes a rest. 그들은 그가 휴식을 취해야 한다고 제안했다.

문법이 쓰기다 서술형

Sentence 비교하며 써보기

✎ 주어진 그림과 상황을 보고, 조언이나 충고의 문장을 우리말에 맞게 완성하시오.

1
should

Anna goes jogging every morning, but she has a sore back today.

> She should not(shouldn't) go jogging today.

그녀는 오늘 조깅하러 가지 않아야 한다. (go jogging)

2
ought to

Dan is driving to the mall, but he is so sleepy now.

그는 지금 운전하지 않아야 한다. (drive)

3
have to

Jane has an exam tomorrow. What does she have to do?

그녀는 오늘 공부해야 한다. (study)

4
should

John has a cold. What is a right thing for him to do?

그는 약을 먹어야 한다. (take a medicine)

5
had better

There are many dangerous things in this room.

너는 이 방의 어떤 것도 손대지 않는 게 낫다. (touch anything)

6
should

Dave loves chocolate. Every day he eats too much.

그 의사는 그가 초콜릿을 먹는 것을 중단해야 한다고 제안했다. (suggest, stop)

수행평가 SENTENCE WRITING

■ 괄호 안의 단어를 알맞게 배열해 우리말에 맞게 다시 쓰시오.

① 연료가 거의 바닥났으니 곧 주유소(gas)에 들르는 게 낫겠다.
We (stop for, had, gas, soon, better, the tank, because, is) almost empty.

② 너는 외출하기 전에 너의 숙제를 끝내야 한다.
(should, your homework, before, you, finish) you go out.

① _____

② _____

Grammar Point 기초 조동사 – 의무, 충고, 조언

▪ 주어진 조동사를 사용해 문장을 다시 쓰시오.

의무, 충고, 조언	They ⬚⬚⬚ wear their uniform. 그들은 그들의 유니폼을 입어야 한다.	
	must	→	They must wear their uniform.
	should	→	
	had better	→	

→ must, have to, should, ought to, had better를 사용해 의무, 충고, 조언의 의미를 표현할 수 있다.

Grammar for Writing 문장 쓰기

▪ 주어진 단어를 활용해 우리말에 맞게 문장을 완성하시오.

1 너는 이 프로젝트를 월요일까지 끝내야 한다.   **must**   →   You must finish this project   by Monday.

2 너는 이 프로젝트를 월요일까지 끝내야 한다.   **have to**   →   ⬚⬚⬚   by Monday.

3 너는 너의 결정을 바꾸지 않는 게 낫다.   **had better**   →   ⬚⬚⬚   your decision.

4 그들은 그것에 대해 무언가를 해야 한다.   **must**   →   ⬚⬚⬚   about it.

5 너는 그것에 대해 그에게 말해야 한다.   **should, speak**   →   ⬚⬚⬚   about it.

6 너는 일터로 돌아가야 한다.   **must**   →   ⬚⬚⬚   to work.

7 우리는 늦게 만나야 한다.   **ought to**   →   ⬚⬚⬚   late.

8 우리는 늦게 만나지 않아야 한다.   **ought to**   →   ⬚⬚⬚   late.

9 너는 그녀의 충고를 받아들이는 게 낫다.   **had better**   →   ⬚⬚⬚   her advice.

10 그들은 그가 휴식을 취해야 한다고 주장했다.   **take a rest**   →   They insisted that   ⬚⬚⬚   .

Grammar for 서술형 [기본·심화] 문제 풀기

A 기본   주어진 어구를 알맞게 배열해 우리말에 맞게 문장을 쓰시오.

1	the contract, had better, keep, they, not	→ They had better not keep the contract. 그들은 그 계약을 유지하지 않는 게 낫다.
2	must, I, tonight, there, go	→ 나는 오늘 밤 그곳에 가야 한다.
3	she, not, go jogging, should, today	→ 그녀는 오늘 조깅하러 가지 않아야 한다.
4	tell, ought not to, him, you, about it	→ 너는 그것에 대해 그에게 말하지 않아야 한다.
5	had better, go to bed, you, earlier	→ 너는 더 일찍 잠자리에 드는 게 낫다.
6	should, apologize, you, to him	→ 너는 그에게 사과해야 한다.

B 심화   주어진 조동사를 활용해 우리말에 맞게 문장을 쓰시오.

1	너는 8시 30분 전에 학교에 있어야 한다. (should)	→ You should be at school before 8:30.
2	너는 일찍 집에 가서 좀 쉬는 게 낫다. (had better)	→
3	너는 이 방의 어떤 것도 손대면 안 된다. (should)	→
4	너는 내게 거짓말을 하면 안 된다. (must)	→
5	너는 지금 떠나는 게 낫다. (had better)	→
6	그 의사는 그가 초콜릿을 먹는 것을 중단해야 한다고 제안했다. (should)	→
7	우리는 그 사막을 지나가야만 한다. (must)	→

He [could have finished] his homework.

Check❶ [조동사+have+과거분사]의 형태를 사용해 **과거에 대한 추측**을 표현할 수 있다.

Check❷ [should+have+과거분사]는 과거에 대한 후회를 표현할 수 있다.

↗ [must have+과거분사]는 [cannot have+과거분사]와 반대 의미예요.

She	must have stayed	at home.	그녀는 집에 머물렀음이 틀림없다.
She	cannot have stayed	at home.	그녀는 집에 머물렀을 리가 없다.
I	[should have stayed]	at home.	나는 집에 머물렀어야 했다.

과거 추측이나 후회를 표현할 때

➜ **과거 추측**을 표현할 때는 [must/cannot/may/might/could+have+과거분사]를 사용하고, **과거 후회**를 표현할 때는 [should+have+과거분사] 형태를 사용한다.

과거 추측	must+have+과거분사	~였던 것이 틀림없다
	cannot(= can't)+have+과거분사	~했을 리가 없다
	may(might)+have+과거분사	~했을지도 모른다
	could+have+과거분사	~할 수도 있었다 (그런데 못했다)
과거 후회	should+have+과거분사	~했어야 했다

✅ Grammar 비교하며 익히기 ▪ 주어진 조동사를 활용하여 문장을 완성하시오.

| 1 | **may** | He [may try] to call many times. | 그는 수차례 전화를 시도할지도 모른다. |
| | | He [　　　] to call many times. | 그는 수차례 전화를 시도했을지도 모른다. |

| 2 | **must** | She [　　　] very sad. | 그녀는 매우 슬픈 것이 분명하다. |
| | | She [　　　] very sad. | 그녀는 매우 슬펐던 것이 분명하다. |

| 3 | **cannot** | She [　　　] in Paris by now. | 그녀는 지금쯤 파리에 도착할 리가 없다. |
| | | She [　　　] in Paris then. | 그녀는 그때 파리에 도착했을 리가 없다. |

| 4 | **could** | I [　　　] the ball. | 나는 그 공을 칠 수 있었다. |
| | | I [　　　] the ball. | 나는 그 공을 칠 수도 있었다. (그런데 못했다) |

| 5 | **might** | It [　　　] your last chance. | 그것이 너의 마지막 기회일지도 모른다. |
| | | It [　　　] your last chance. | 그것이 너의 마지막 기회였을지도 모른다. |

Sentence 비교하며 써보기

✎ 주어진 조동사를 사용해 우리말에 맞게 문장을 쓰시오.

1 그녀는 그 파티에 갔던 것이 틀림없다. (must)

She must have gone to the party.

그녀는 그 파티에 갔을 리가 없다. (can't)

2 나는 그에게 말했어야 했다. (should)

나는 그에게 말하지 말았어야 했다. (should)

3 그는 그녀와 함께 거기 갔을 리가 없다. (can't)

그는 그녀와 함께 거기 갈 수도 있었다. (could)

4 그녀는 어제 그를 만났었을지도 모른다. (might)

그녀는 어제 그를 만났어야 했다. (should)

5 그는 그녀에게 거짓말하지 않았어야 했다. (should)

그는 그녀에게 거짓말했을 리가 없다. (can't)

6 그는 그의 전화기를 집에 뒀을지도 모른다. (may)

그는 그의 전화기를 집에 뒀던 것이 틀림없다. (must)

7 그녀는 돈이 없었을지도(no money) 모른다. (might)

그녀는 그때 부유했던 것이 틀림없다. (must)

수행평가 SENTENCE WRITING

■ 주어진 대화에서 어법상 틀린 문장을 찾아 바르게 고쳐 쓰시오.

A: ① The train which we must take is coming.

   ② Why is John late?

B: I'm not sure. ③ I called him several times, but he didn't pick up the phone.

   ④ He might forget that we have this meeting today.

→ 틀린 문장: (   )

→ 고쳐 쓰기:

_____

_____

✓ 숙제용으로도 쓸 수 있어요.

Grammar Point 기초 조동사 – 과거 추측, 과거 후회

▪ 주어진 구문을 사용해 문장을 완성하시오.

can't have + p.p.	He **can't have done** his homework. 그는 그의 숙제를 했을 리가 없다.	
could have + p.p.	He _____ his homework. 그는 그의 숙제를 할 수도 있었다. (그런데 못했다)	
should have + p.p.	He _____ his homework. 그는 그의 숙제를 했어야 했다.	

→ [조동사+have+과거분사]는 과거에 있었던 일에 대한 추측이나 심경(후회)을 나타낼 때 사용한다.

Grammar for Writing 문장 쓰기

▪ 주어진 조동사를 활용해 우리말에 맞게 문장을 완성하시오.

1 그는 수차례 전화를 시도할지 모른다.   **may** →   He may try to call   many times.

2 그는 수차례 전화를 시도했을지도 모른다.   **may** →   _____   many times.

3 그녀는 그 파티에 갔던 것이 틀림없다.   **must** →   _____   to the party.

4 그녀는 그 파티에 갔을 리가 없다.   **can't** →   _____   to the party.

5 나는 그에게 말했어야 했다.   **should** →   _____   him.

6 나는 그에게 말하지 말았어야 했다.   **should** →   _____   him.

7 나는 그 공을 쳤을 수도 있었다. (그런데 못했다)   **could** →   _____   the ball.

8 그녀는 지금쯤 파리에 도착할 리가 없다.   **cannot** →   _____   in Paris by now.

9 그녀는 매우 슬펐던 것이 틀림없다.   **must** →   _____   very sad.

10 그것이 너의 마지막 기회였을지도 모른다.   **might** →   _____   your last chance.

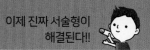
Grammar for 서술형 기본·심화 문제 풀기

A 기본 어법상 틀린 부분을 바르게 고쳐 쓰시오.

1 She must be sick.
그녀는 아팠던 것이 틀림없다.

→ She must <u>have been</u> sick.

2 I should not lie to her.
나는 그녀에게 거짓말하지 않았어야 했다.

→

3 He might has left his phone at home.
그는 그의 전화기를 집에 뒀을지도 모른다.

→

4 But it can't have been better.
하지만 그것은 더 좋았을 수도 있었다. (그런데 그러지
못했다)

→

5 She must has stayed at home.
그녀는 집에 머물렀음이 틀림없다.

→

6 She might have work late.
그녀는 늦도록 일했을지도 모른다.

→

B 심화 주어진 조동사를 활용해 우리말에 맞게 문장을 쓰시오.

1 나는 어제 그녀를 만났어야 했다.
(should)

→ I should have met her yesterday.

2 그녀는 영화관에 갔을지도 모른다.
(might)

→

3 그는 연습하는 데 더 많은 시간을 보낼 수도 있었다.
(그런데 그러지 못했다)
(could)

→

4 상황이 나빴지만, 그것은 더 안 좋았을 수도 있었다.
(could)

→

5 그는 실수를 했던 것이 틀림없다.
(must)

→

6 나는 그것에 대해 더 생각했어야 했다.
(should)

→

7 그녀는 돈이 없었을지도(no money) 모른다.
(might)

→

교과서 **문법 마무리**

개념 정리 ➕ 문장 정리 ➕ 문제 유형

Part 3에 나오는 문장 정리

1. 그것은 Susan 것임이 틀림없다.
(must)

→ It _____.

2. 어떤 아이든 자라서 대통령이
될 수 있다. (can, to be)

→ Any child _____

_____.

3. 그녀는 공부해야 한다.
(have to)

→ She _____.

4. 너는 그녀의 조언을 받아들이지
않는 것이 좋겠다. (had better)

→ You _____

_____.

1. 조동사의 다양한 의미

1) 추측, 허락, 능력

동사 \ 의미	추측	허락	능력
must	~임에 틀림없다 (↔ can't)	–	–
should	~일 것이다	–	–
may	~일지도 모른다 (might)	~해도 된다	–
can	~일 수도 있다	~해도 된다	~할 수 있다 (= be able to)

* could: 더 공손한 표현

2) 의무, 충고, 조언

동사	의미
must = have to	~해야만 한다
should = ought to	~해야 한다
had better	~하는 게 낫다

* should 생략 : 제안, 요구, 명령, 주장 등을 의미하는 동사(suggest, demand, command, insist 등)의
목적절(that절)에서는 조동사 should의 생략이 가능하다. (단, that절이 명령의 의미를 내포해야 한다.)

문제로 정리

① He [might / must] come with us.   그는 우리와 함께 올지도 모른다.

② They suggested that he [take / takes] a rest.   그들은 그가 휴식을 취해야 한다고 제안했다.

5. 그녀는 그 파티에 갔던 것이 틀
림없다. (must)

→ She _____

_____.

6. 그녀는 돈이 없었을지도 모른다.
(might, no)

→ She _____

_____.

7. 그는 연습하는 데 더 많은 시간
을 보냈을 수도 있다.
(could, spend)

→ He _____

_____.

2. [조동사+have+과거분사]: 과거에 대한 추측·후회

must have+과거분사	~였던 것이 틀림없다
cannot have+과거분사	~했을 리가 없다
may(might) have+과거분사	~했을지도 모른다
could have+과거분사	~할 수도 있었다(그런데 못했다)
should have+과거분사	~했어야 했다

문제로 정리

③ She [cannot have stayed / could not stay] at home.   그녀는 집에 머물렀을 리가 없다.

④ You [must / should] have told him.   너는 그에게 말했어야 했다.

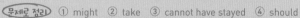

문제로 정리 ① might ② take ③ cannot have stayed ④ should

문장 정리 1. It must be Susan's. 2. Any child can grow up to be president. 3. She has to study.
4. You had better not take her advice. 5. She must have gone to the party. 6. She might
have had no money. 7. He could have spent more time (in/on) practicing.

Let it be Forgotten

by Sara Teasdale

Let it be forgotten,
as a flower is forgotten,
Forgotten as a fire
that once was singing gold,
Let it be forgotten forever and ever,
Time is a kind friend, he will make us old.

If anyone asks, say it was forgotten
Long and long ago,
As a flower, as a fire, as a hushed footfall
In a long-forgotten snow.

잊어버려요

잊어버려요, 꽃이 잊혀지듯,
황금빛으로 일렁이던 불이 잊혀지듯이,
잊어버려요 영원히 영원히,
시간은 다정한 벗,
시간 따라 우리도 늙어가겠죠.
누군가 묻는다면,
잊었다고 말해요.
오래 오래 전에,
꽃처럼, 불처럼,
오래 전 내렸던 눈 위에서
사각이던 작은 발소리처럼.

Part 4가 이어져요. →

서술형, 수행 평가를 위한 조언

시제와 문장 형식에 따른 수동태, 다양
한 형태의 수동태를 정확히 알고, 이를
사용해 문장을 쓰는 연습을 해야 한다.

서술형 수행평가 완벽 대비

PART 4

수동태

구성과 교과서 연계

✓ 중학 문법이 쓰기다 연계

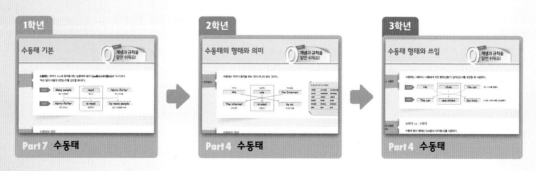

1학년	2학년	3학년
수동태 기본	수동태의 형태와 의미	수동태 형태와 쓰임
Part 7 수동태	Part 4 수동태	Part 4 수동태

그 교실은 매일 청소된다.

The classroom [is cleaned] every day.

↑ we clean the classroom everyday. (능동태)

Check ❶ 수동태는 [be동사+과거분사] 형태로, 주어가 **동작을 받는(당하는)** 상황을 강조할 때 사용한다.

Check ❷ 시제에 따른 수동태 의미와 be동사 형태 변화에 주의한다.

행위자를 나타낼 필요가 없거나, 행위자가 일반적인(we, they, you, people, ...) 경우 [by + 행위자]는 생략할 수 있다.

| The letters | are being delivered | by Zoe. | 그 편지들은 Zoe에 의해 배달되고 있다. (현재진행) |
| The letters | have been delivered | by Zoe. | 그 편지들은 Zoe에 의해 배달되었다. (현재완료) |

수동태의 시제

→ 능동태를 수동태로 전환할 때, **수동태의 시제는 능동태의 시제와 동일하게** 바꾼다. 이때 수동태의 시제에 따른 be동사 형태 변화에 주의한다.

단순현재 시제	am/are/is + 과거분사	The office **is cleaned** by the cleaner.
현재진행 시제	am/are/is + being + 과거분사	The flowers **are being sold** by the girl.
단순과거 시제	was/were + 과거분사	The email **was sent**.
현재완료 시제	have/has been + 과거분사	The report **has** already **been finished**.

✅ Grammar 비교하며 익히기 ▪ 주어진 단어를 활용해 시제에 맞게 능동태와 수동태 문장을 완성하시오.

1 finish 현재완료

I [have] already [finished] my homework.
나는 내 숙제를 이미 끝냈다.

My homework [   ] already [   ].
내 숙제는 이미 끝났다.

2 find

I [   ] the key under the bed.
나는 침대 아래에서 그 열쇠를 발견했다.

The key [   ] under the bed.
그 열쇠는 침대 아래에서 발견되었다.

3 speak

I [   ] at my work.
나는 내 직장에서 영어를 사용한다.

[   ] at my work.
영어는 내 직장에서 사용된다.

4 make

I [   ] a reservation.
나는 예약을 했다.

A reservation [   ].
예약이 되었다.

5 check 현재완료

He [   ] her belongings.
그는 그녀의 소지품들을 확인했다.

Her belongings [   ] by him.
그녀의 소지품들이 그에 의해 확인되었다.

Sentence 비교하며 써보기

✎ 주어진 문장을 활용해 우리말에 맞게 수동태 문장을 완성하시오.

1

John broke the window yesterday.

The window | was broken by John yesterday | .

그 창문은 어제 John에 의해 깨졌다.

2

Most people don't use the bridge very often.

The bridge | | .

그 다리는 매우 자주 이용되지는 않는다.

3

We used these books in the class.

These books | | .

이 책들은 수업에 사용되었다.

4

They are repairing the street.

The street | | .

그 길은 수리되고 있다.

5

My younger sister has just made a cake.

A cake | | by my younger sister.

케이크 하나가 나의 여동생에 의해 지금 막 만들어졌다.

6

They built the skyscraper in 1930.

The skyscraper | | .

그 고층건물은 1930년에 지어졌다.

수행평가 SENTENCE WRITING

■ 다음 표를 보고, 주어진 시제와 단어를 활용해 우리말에 맞게 수동태 문장을 쓰시오.

	시제	단어
①	현재완료	computer, repair
②	단순과거	Jane, invite
③	현재진행	house, build

① 그 컴퓨터는 지금 막 고쳐졌다.
→ The computer has just been repaired.

② Jane은 초대되지 않았다.
→ _____

③ 그 집은 지어지고 있다.
→ _____

Grammar Point 기초 수동태의 시제

▪ 다음 능동태 문장을 우리말에 맞게 수동태로 바꿔 쓰시오.

He delivers the letters. (단순현재 시제)

→ The letters _____. 그 편지들은 배달된다.

He delivered the letters. (단순과거 시제)

→ The letters _____. 그 편지들은 배달되었다.

→ 주어가 동사의 행위를 하는 것을 능동태라 하고, 주어가 동사의 행위를 당하는 것을 수동태라 한다. 수동태는 [be동사+과거분사]형태로 쓰고, 능동태를 수동태로 전환할 때 시제에 주의한다.

Grammar for Writing 문장 쓰기

▪ 주어진 단어를 활용해 우리말에 맞게 문장을 완성하시오.

1 나는 저녁 식사 전에 내 숙제를 끝냈다.
(단순과거)　**finish**　→　I finished my homework　before dinner.

2 내 숙제는 9시까지 끝마쳐져야 한다.　**must, finish**　→　_____　by 9.

3 나는 내 직장에서 영어를 사용한다.　**speak**　→　_____　at my work.

4 영어는 내 직장에서 사용된다.　**speak**　→　_____　at my work.

5 그는 신발을 만든다.　**make**　→　_____　shoes.

6 그 신발은 그 제화공에 의해 만들어졌다.
(단순과거)　**make**　→　_____　by the shoemaker.

7 그 책들은 수업에 사용된다.　**use**　→　_____　in the class.

8 그 책들은 수업에 사용되고 있다.
(현재진행)　**use**　→　_____　in the class.

9 그 도로는 수리되고 있다.　**repair**　→　The road _____.

10 케이크 하나가 지금 막 만들어졌다.
(현재완료)　**make, just**　→　A cake _____.

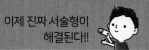
Grammar for 서술형 [기본·심화] 문제 풀기

A 기본 주어진 어구를 알맞게 배열해 우리말에 맞게 문장을 쓰시오.

1 this house, built, my, last year, uncle, was, by

→ This house was built by my uncle last year.

이 집은 작년에 우리 삼촌에 의해 지어졌다.

2 dinner, our, always, by, cooked, the cook, is

→

우리의 저녁은 항상 그 요리사에 의해 요리된다.

3 my room, my mom, was, cleaned, by

→

내 방은 엄마에 의해 청소되었다.

4 a dog, chased, is, he, being, by

→

그는 개에게 쫓기고 있다.

5 the report, is, prepared, being

→

그 보고서는 준비되고 있다.

6 have, a lot, been, improved, computers, personal

→

개인용 컴퓨터는 많이 발전되어 왔다.

B 심화 주어진 시제와 단어를 활용해 우리말에 맞게 문장을 완성하시오.

1 현재완료 check
그녀의 소지품들이 확인되었다.

→ Her belongings | have been checked | .

2 현재완료 cancel
그 경기가 비 때문에 취소되었다.

→ | due to the rain.

3 현재완료 compose
많은 노래들이 수년간 Dan에 의해 작곡되었다.

→ | by Dan for years.

4 단순과거 employ
200명의 사람들이 그 회사에 의해 고용되었다.

→ | by the company.

5 단순현재 cause
많은 사고들은 부주의한 운전에 의해 야기된다.

→ | by careless driving.

6 단순과거 break
그 창문은 그 아이에 의해 깨졌다.

→ | by the child.

7 단순과거 find
그 열쇠는 침대 아래에서 발견되었다.

→ | under the bed.

4형식 문장의 수동태

나는 여기서 일할 기회를 얻었다.

I was given a chance to work here.

He gave me a chance to work here. (능동태)

Check ❶ 4형식 문장의 **간접목적어가 수동태 문장의 주어로 사용**된 경우이다.

Check ❷ 4형식 문장의 **직접목적어도 수동태 문장의 주어가** 될 수 있다.

She taught the students English. (능동태)

❶
The students were taught **English.**

학생들은 영어를 가르침 받았다 (배웠다).

❷
English was taught to **the students.**

영어는 학생들에게 가르쳐졌다.

간접목적어 앞 전치사는 동사에 따라 for, to, of를 사용할 수 있어요.

4형식 문장의 수동태

→ 4형식은 목적어가 두 개이기 때문에 수동태 문장을 **두 가지 형태**로 만들 수 있다. 직접 목적어가 주어로 올 때는 **간접목적어 앞에 알맞은 전치사**를 사용한다.

4형식 문장 [Joan told Peter interesting news.]의 수동태 변형

간접목적어를 주어로 하는 수동태	Peter was told interesting news by Joan.
	간접목적어 + [be동사+과거분사] + 직접목적어 + [by+목적격]
직접목적어를 주어로 하는 수동태	Interesting news was told to Peter by Joan.
	직접목적어 + [be동사+과거분사] + 전치사 + 간접목적어 + [by+목적격]

① 대부분의 동사는 간접목적어 앞에 전치사 to를 사용한다.
② 전치사 for를 사용하는 동사: buy, make, find, get, build
③ 전치사 of를 사용하는 동사: ask

☑ Grammar 비교하며 익히기 ▪ 주어진 단어를 활용해 우리말에 맞게 문장을 완성하시오.

1 give

Somebody ____gave____ Elin a present.

누군가 Elin에게 선물을 주었다.

Elin _____ a present.

Elin은 선물을 받았다.

2 offer

The man _____ Jason the job.

그 남자는 Jason에게 그 일을 제의했다.

Jason _____ the job by the man.

Jason은 그 남자에 의해 그 일을 제의받았다.

3 show

Jane _____ me the paintings.

Jane은 나에게 그 그림들을 보여주었다.

The paintings _____ to me.

그 그림들은 나에게 보여졌다.

4 buy

She _____ him a ring.

그녀는 그에게 반지를 사주었다.

A ring _____ for him.

그를 위해 반지가 구입되었다.

buy, make, cook, write 등의 동사는 직접목적어만 수동태 문장의 주어로 쓸 수 있어요.

5 ask

The girl ____ me the location of the bank.

그 소녀는 나에게 그 은행의 위치를 물어보았다.

The location of the bank _____ of me.

그 은행의 위치는 나에게 질문되었다 .

문법이 쓰기다 서술형

Sentence 비교하며 써보기

✏ 주어진 단어를 활용해 능동태와 수동태 문장을 완성하시오.

1 tell

She [told me the secret].   그녀는 나에게 그 비밀을 말했다.

The secret [ ].   그 비밀은 나에게 말해졌다.

2 buy

[ ] a bunch of flowers.   나는 우리 엄마에게 꽃 한 다발을 사 드렸다.

A bunch of flowers [ ].   우리 엄마를 위해 꽃 한 다발이 구입되었다.

3 offer

[ ] the job.   그 회사는 Jason에게 그 일을 제의했다.

Jason [ ] by the company.   Jason은 그 회사에 의해 그 일을 제의받았다.

4 give

[ ] a big smile.   그녀는 나에게 함박웃음을 지었다.

[ ].   함박웃음이 나에게 지어졌다.

5 send

[ ] a letter.   Jane은 나에게 편지 한 통을 보냈다.

A letter [ ].   편지 한 통이 나에게 보내졌다.

6 make

[ ] a birthday cake.   나의 이모는 나에게 생일케이크를 만들어 주었다.

[ ] by my aunt.   생일케이크가 나의 이모에 의해 나를 위해 만들어졌다.

7 show

[ ] the paintings.   그는 나에게 그 그림들을 보여줬다.

[ ].   그 그림들은 나에게 보여졌다.

수행평가 SENTENCE WRITING

■ 다음을 보고, 수동태 문장이 완성될 수 있도록 우리말에 맞게 쓰시오.

A pretty scarf ① Jane 에게 보내졌어

I know. It ② 나에게 보여졌어 by Jane.

Jane ③ 그것을 받았어(give) on her birthday.

①   was sent to Jane

②

③

✓ 숙제용으로도 쓸 수 있어요.

Grammar Point 기초 4형식 문장의 수동태 전환

■ 다음 문장을 각각 수동태로 바꿔 쓰시오.

The professor taught the students English.　그 교수는 그 학생들에게 영어를 가르쳤다.

→ ① The students _____ .

→ ② English _____ .

→ 4형식 문장은 목적어가 두 개이기 때문에 수동태 문장을 두 가지 형태로 만들 수 있다.

Grammar for Writing 문장 쓰기

■ 주어진 단어를 활용해 우리말에 맞게 문장을 완성하시오.

1 그 차는 Dan에게 팔렸다.　**sell**　→ The car　was sold to Dan　.

2 초콜릿이 모두에게 주어졌다.　**give**　→ A chocolate _____ .

3 그 일은 나에게 제의되었다.　**offer**　→ The job _____ .

4 스페인어는 아이들에게 가르쳐졌다.　**teach, kid**　→ Spanish _____ .

5 우리는 스페인어를 가르침 받았다(배웠다).　**teach**　→ We _____ .

6 Anna는 멋진 드레스를 받았다.　**give**　→ Anna _____ .

7 예쁜 스카프가 Jane에게 보내졌다.　**send**　→ A pretty scarf _____ .

8 그 그림들은 그에게 보여졌다.　**show**　→ The paintings _____ .

9 그를 위해 반지가 구입되었다.　**buy**　→ A ring _____ .

10 그 비밀은 나에게 말해졌다.　**tell**　→ The secret _____ .

Grammar for 서술형 기본·심화 문제 풀기

A 기본　어법상 틀린 부분을 바르게 고쳐 쓰시오.

1 I was g~~ive~~ a ring on my birthday.
나는 내 생일에 반지 하나를 받았다.

→ I was <u>given</u> a ring on my birthday.

2 A bunch of flowers was bought my mom.
우리 엄마를 위해 꽃 한 다발이 구입되었다.

→ [　　　　　　　　　　　]

3 The paintings were shown me.
그 그림들은 나에게 보여졌다.

→ [　　　　　　　　　　　]

4 A big cake made for the children.
커다란 케이크가 그 아이들을 위해 만들어졌다.

→ [　　　　　　　　　　　]

5 I am gave a big smile.
나는 함박웃음을 받았다.

→ [　　　　　　　　　　　]

6 I offered the job.
나는 그 일을 제의받았다.

→ [　　　　　　　　　　　]

B 심화　주어진 단어를 활용해 우리말에 맞게 문장을 완성하시오.

1 나는 네가 운동 목록을 받았다고 들었다.
(give)

→ I heard that [you were given a list of exercises] .

2 멋진 스카프가 Erin에게 주어졌다.
(give)

→ A nice [　　　　　　　　] .

3 나는 여기서 일할 기회를 받았다.
(give, chance)

→ I was [　　　　　　　　] .

4 프랑스어는 그 학생들에게 가르쳐졌다.
(teach)

→ [　　　　　　　　] to the students.

5 그것이 내게 보여졌기 때문에 나는 그것을 알고 있다. (show)

→ I know it since [　　　　　　　　] .

6 그 일은 Jason에게 제의되었다.
(offer)

→ [　　　　　　　　]

7 반지가 그녀를 위해 구입되었다.
(buy)

→ [　　　　　　　　]

5형식 문장의 수동태

그 벽은 그 남자에 의해 초록색으로 칠해졌다.

The wall | **was painted** green | by the man.

The man painted the wall green (능동태)

Check❶ 5형식 문장의 수동태 전환시 **목적격 보어**가 to부정사, 명사, 형용사, 분사이면 [be동사+과거분사] 뒤에 **그대로** 쓴다.

Check❷ 지각/사역동사의 목적격 보어가 **동사원형**이면 수동태 전환시 **to부정사로 바꾸고** [be+과거분사] 뒤에 쓴다.

He | was elected class president.

그는 반장으로 선출되었다.

The man | **was seen** to ride | a skateboard.

그 남자가 스케이트보드를
타는 것으로 보였다.

5형식 문장의 수동태

→ 5형식 문장은 **목적격 보어**가 **동사원형**일 때와 그렇지 않을 때의 수동태 문장의 형태가 다르다.

목적격 보어가 동사원형일 때	Peter made me tell the truth to everyone. Peter는 내가 모두에게 진실을 말하게 했다.
	I was made to tell the truth to everyone by Peter. 주어 + [be동사+과거분사] + to부정사 + [by+목적격]
목적격 보어가 형용사일 때	The coach considers him diligent. 그 코치는 그를 근면하다고 여긴다.
	He is considered diligent by the coach. 주어 + [be동사+과거분사] + 형용사 + [by+목적격]

💬 Grammar 비교하며 익히기 ▪ 주어진 5형식 능동태 문장을 활용해 우리말에 맞게 수동태 문장을 완성하시오.

1
We considered him a nice worker.

우리는 그를 좋은 직원이라고
여겼다.

He [was considered a nice worker] .

그는 좋은 직원이라고 여겨졌다.

2
People call New York the Big Apple.

사람들은 뉴욕을 Big Apple이라고
부른다.

New York [   ] .

뉴욕은 Big Apple이라고 불린다.

3
My mom has painted the fence blue.

우리 엄마는 그 울타리를 파란색으로
칠했다.

The fence [   ] by my mom.

그 울타리는 우리 엄마에 의해
파란색으로 칠해졌다.

4
You saw me enter the room.

너는 내가 그 방에 들어가는 것을
봤다.

I [   ] the room.

내가 그 방에 들어가는 것으로
보였다.

5
We saw her driving my car.

우리는 그녀가 내 차를 운전하고 있
는 것을 봤다.

She [   ] my car.

그녀가 내 차를 운전하고 있는 것이
보였다.

Sentence 비교하며 써보기

✎ 우리말에 맞게 5형식 능동태와 수동태 문장을 완성하시오.

1

She made me clean up | the table.
그녀는 내가 그 식탁을 치우게 했다.

| the table.
나는 그 식탁을 치우게 되었다.

2

| to be quiet.
그 여자는 그가 조용히 있도록 요청했다.

| by the woman.
그는 그 여자에 의해 조용히 있도록 요청되었다.

3

| perfect.
내 친구들은 내 생일을 완벽하게 만들었다.

| by my friends.
내 생일은 나의 친구들에 의해 완벽하게 만들어졌다.

4

| singing loudly outside.
나는 누군가가 밖에서 크게 노래 부르고 있는 것을 들었다.

| loudly outside.
누군가가 밖에서 크게 노래 부르고 있는 것이 들렸다.

5

| enter the science laboratory.
나는 그 남자가 과학 실험실로 들어가는 것을 보았다.

| the science laboratory.
그 남자가 과학 실험실로 들어가는 것으로 보였다.

6

| messy.
그 개는 이 방을 엉망으로 만들었다.

| by the dog.
이 방은 그 개에 의해 엉망이 되었다.

7

| practicing the piano diligently.
그 교사는 그녀가 피아노를 열심히 연습하고 있는 것을 보았다.

| diligently by the teacher.
그녀가 열심히 피아노를 연습하고 있는 것이 그 교사에 의해 보였다.

수행평가 SENTENCE WRITING

■ 그림을 보고, 주어진 능동태 문장을 우리말에 맞게 수동태로 바꿔 쓰시오.

①

We elected Peter the captain of our team.

→ _____

Peter는 우리 팀의 주장으로 선출되었다.

②

Many people saw Jane singing on the stage.

→ _____

Jane이 무대에서 노래하고 있는 것이 보였다.

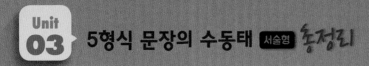

Grammar Point 기초 5형식 문장의 수동태 전환

▪ 다음 문장을 각각 수동태로 바꿔 쓰시오.

1	People saw the man ride a skateboard. → The man _____ .
2	We elected him class president. → He _____ .

→ 지각동사와 사역동사가 있는 5형식을 수동태로 전환 시, 목적격 보어가 동사원형이면 to부정사로 바꾼다.

Grammar for Writing 문장 쓰기

▪ 주어진 단어를 활용해 우리말에 맞게 문장을 완성하시오.

1 뉴욕은 Big Apple이라고 불린다.　**call**　→　New York is called　the Big Apple.

2 그가 그 방으로 들어가는 것으로 보였다.　**see**　→ _____ enter the room.

3 너는 저녁을 요리하게 되었다.　**make**　→ _____ dinner.

4 내 생일은 나의 친구들에 의해 완벽하게 만들어졌다.　**make**　→ _____ by my friends.

5 누군가 밖에서 크게 노래 부르고 있는 것이 들렸다.　**hear, singing**　→ _____ loudly outside.

6 그는 좋은 직원으로 여겨졌다.　**consider**　→ _____ a nice worker.

7 그의 개는 Dot이라 불렸다.　**call**　→ _____ Dot.

8 그녀가 내 차를 운전하고 있는 것이 보였다.　**see, driving**　→ _____ my car.

9 그것은 빨갛게 칠해졌다.(현재완료)　**paint**　→ _____ red.

10 그 울타리는 우리 엄마에 의해 파란색으로 칠해졌다. (현재완료)　**paint**　→ _____ by my mom.

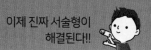

Grammar for 서술형 기본·심화 문제 풀기

A 기본 주어진 수동태 문장을 능동태 문장으로 바꿔 쓰시오.

1	I was seen to enter the science laboratory by the man.	→ The man saw me enter the science laboratory.
2	He was made to repair the door by my dad.	→
3	Peter was elected the captain of our team by us.	→
4	Jane was seen singing on the stage by many people.	→
5	I was made to clean up the table by her.	→
6	He was asked to be quiet by the woman.	→

B 심화 주어진 단어를 활용해 우리말에 맞게 문장을 쓰시오.

1	나는 그 식탁을 치우게 되었다. (make, clean up)	→ I was made to clean up the table.
2	그녀가 그 학교에 들어가는 것으로 보였다. (see, enter)	→
3	우리는 과학 클럽에 참여하도록 요청받았다. (ask, join)	→
4	그는 강제로 추방되었다. (force, leave)	→
5	나는 정시에 도착하는 것으로 예상되었다. (expect, arrive)	→
6	그 남자는 밤늦게 나가는 것이 허락되지 않았다. (allow, go out)	→
7	나는 모두에게 진실을 말하게 되었다. (make, tell)	→

여러 가지 수동태

그 개는 내 여동생에 의해 돌봐졌다.

The dog ┆ **was looked after** ┆ by my sister.

↳ My sister looked after the dog. (능동태)

Check❶ 동사구[동사+전치사]에 있는 동사를 [be+과거분사] 형태를 만들고 전치사를 그대로 쓴다.

Check❷ 수동태는 **by** 이외에도 **with, in, at, on, of**의 전치사가 쓰일 수 있다.

| The pet shop | was broken into | by the man. | 그 애완동물 가게는 그 남자에 의해 침입 당했다. |
| My family | ❷ was surprised at | the news. | 나의 가족은 그 뉴스에 놀랐다. |

↳ 동사구는 한 단어처럼 함께 이동한다는 것을 기억해요!

여러 가지 수동태

→ **동사구는** 하나의 동사 역할을 하기 때문에 수동태로 전환할 때도 **한 단어로 취급**한다. 또한 by가 아닌 다른 전치사와 함께 쓰이는 수동태 표현들도 함께 익혀두자.

주요 동사구와 의미	break down 고장 나다 · find out ~을 알아내다 · ask for ~을 요구하다 · turn on ~을 켜다 · run away 도망치다 · put off ~을 연기하다 · catch up with 따라잡다 · look up to ~을 존경하다 · cut off ~을 차단하다 · write down ~을 받아적다 · talk about ~에 대해 이야기하다 · throw away ~을 버리다 · send away ~을 보내다
by 이외의 전치사를 사용하는 수동태	be covered with ~로 덮여 있다 · be crowded with ~로 붐비다 · be filled with ~로 채워져 있다 · be interested in ~에 관심이(흥미가) 있다 · be based on ~에 기초하다 · be disappointed with/at ~에 실망하다 · be satisfied with ~에 만족하다 · be surprised at/by/with ~에 놀라다

💬 Grammar 비교하며 익히기 ▪ 주어진 동사구를 활용해 우리말에 맞게 문장을 완성하시오.

1 throw away

My mom [threw away] the old magazines.
우리 엄마는 그 오래된 잡지들을 버렸다.

The old magazines [   ] .
그 오래된 잡지들은 우리 엄마에 의해 버려졌다.

2 look after

The woman [   ] the little girl.
그 여자는 그 어린 소녀를 돌봤다.

The little girl [   ] .
그 어린 소녀는 그 여자에 의해 돌봐졌다.

3 send away

They will [   ] him [   ] to school.
그들은 그를 학교로 보낼 것이다.

He will [   ] .
그는 학교로 보내질 것이다.

4 be based on

This whole process [   ] statistics.
이 전 과정은 통계에 기초한다.

This whole process [   ] statistics.
이 전 과정은 통계에 기초했다.

5 be crowded with

The museum [   ] many people.
그 박물관은 많은 사람들로 붐빈다.

The museum [   ] many people.
그 박물관은 많은 사람들로 붐볐다.

Sentence 비교하며 써보기

✎ 주어진 문장을 우리말에 맞게 수동태 문장으로 바꿔 쓰시오.

1 We put off our vacation due to the bad weather.
우리는 궂은 날씨 때문에 우리의 휴가를 연기했다.

→ Our vacation was put off due to the bad weather.
우리의 휴가는 궂은 날씨 때문에 연기되었다.

2 The members talked about the topic.
그 구성원들은 그 주제에 대해 이야기 했다.

→
그 주제는 그 구성원들에 의해 거론되었다.

3 Jane looked after Peter's sick grandmother.
Jane은 Peter의 아픈 할머니를 돌보았다.

→
Peter의 아픈 할머니는 Jane에 의해 돌봐졌다.

4 The police officer caught up with him.
그 경찰은 그를 따라 잡았다.

→
그는 그 경찰에 의해 따라 잡혔다.

5 They cut off electricity for a few hours.
그들은 전기를 몇 시간 동안 차단했다.

→
전기가 몇 시간 동안 차단되었다.

6 The ending of the film disappointed me.
그 영화의 결말은 나를 실망시켰다.

→
나는 그 영화의 결말에 실망했다.

7 I filled the basket with apples and grapes.
나는 그 바구니를 사과와 포도로 채웠다.

→
그 바구니가 사과와 포도로 채워졌다.

수행평가 SENTENCE WRITING

■ 다음 일기를 읽고 우리말에 맞게 문장을 쓰시오.

Last Saturday was my fifth birthday.
I ① 멋진 셔츠 하나가 주어졌다 as a birthday present.
At my birthday party, I ② ~를 입고 있었다(be dressed in)
the nice shirt and played on the playground with my
friends. After playing outside, I ③ 먼지(dirt)로 덮였다 .

① was given a nice shirt

②

③

Grammar Point 기초 동사구 수동태 전환

▪ 동사구가 있는 능동태 문장을 수동태 문장으로 바꿔 쓰시오.

break into	The man broke into the pet shop. 그 남자가 애완동물 가게에 침입했다.
	→ The pet shop ⬚⬚⬚ by the man.
send away	His parents will send him away to school. 그의 부모님은 그를 학교로 보낼 것이다.
	→ He will ⬚⬚⬚ to school by his parents.

→ 동사구는 하나의 동사 역할을 하기 때문에 수동태로 전환할 때도 한 단어로 취급한다.

Grammar for Writing 문장 쓰기

▪ 주어진 동사구를 활용해 우리말에 맞게 문장을 완성하시오.

1 Jen은 그 찢어진 셔츠를 버렸다. **throw away** → Jen threw away the torn shirt.

2 그 찢어진 셔츠는 버려졌다. **throw away** → The torn shirt ⬚⬚⬚ .

3 그 숙녀는 그를 돌본다. **take care of** → The lady ⬚⬚⬚ .

4 그는 그 숙녀에 의해 돌봐진다. **take care of** → ⬚⬚⬚ by the lady.

5 나는 TV를 껐다. **turn off** → ⬚⬚⬚ the TV.

6 그 TV는 꺼졌다. **turn off** → The TV ⬚⬚⬚ .

7 그곳은 사람들로 붐빈다. **be crowded with** → ⬚⬚⬚ people.

8 나는 요리에 흥미가 있다. **be interested in** → ⬚⬚⬚ cooking.

9 그것은 사과로 채워져 있다. **be filled with** → ⬚⬚⬚ apples.

10 나는 그 선물에 실망했다. **be disappointed with** → ⬚⬚⬚ the present.

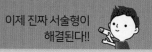
Grammar for 서술형 기본·심화 문제 풀기

A 기본 어법상 틀린 부분을 바르게 고쳐 쓰시오.

1 The doll was taken✓of the big box.
그 인형은 큰 상자에서 꺼내졌다.
→ The doll <u>was taken out of</u> the big box.

2 The words written down by the students.
그 단어들은 그 학생들에 의해 받아 적혀졌다.
→

3 He caught up with by the police.
그는 경찰에 의해 따라잡혔다.
→

4 Electricity was cut for a few hours.
전기가 몇 시간 동안 차단되었다.
→

5 The topic was talked by the members.
그 주제는 그 구성원들에 의해 거론되었다.
→

6 The basket was filled apples and grapes.
그 바구니가 사과와 포도로 채워졌다.
→

B 심화 주어진 동사구를 활용해 우리말에 맞게 문장을 쓰시오.

1 우리는 그 큰 소음에 놀랐다.
(be surprised by)
→ We were surprised by the loud noise.

2 나는 그 수학 시험을 걱정했다.
(be worried about)
→

3 그 박물관은 사람들로 붐빌 것이다.
(be crowded with)
→

4 그 소년은 밖에서 놀고 난 뒤에 먼지로 덮여 있다.
(be covered with)
→

5 나무들은 종이를 만들기 위해 베어진다.
(cut down)
→

6 그 전등은 켜졌다.
(turn on)
→

7 나의 휴가는 그 사고 때문에 연기 되었다.
(put off)
→

교과서 **문법 마무리**   개념 정리 ➕ 문장 정리 ➕ 문제 유형

Part4에 나오는 문장 정리

1. 그는 개에게 쫓기고 있다.
(chase)

→ He _____

_____ .

2. 그 고층건물은 1930년에 지어
졌다. (build)

→ The skyscraper _____

_____ .

3. 나는 내 생일에 반지를 받았다.
(give)

→ _____

_____ on my birthday.

4. 그것이 내게 보여졌기 때문에
나는 그것을 안다. (show)

→ I know it since _____

_____ to me.

5. 그는 반장으로 선출되었다.
(elect)

→ He _____

_____ .

6. 너는 저녁을 요리하게 되었다.
(make)

→ You _____

_____ .

7. 이 전 과정은 통계에 기초한다.
(be based on)

→ This whole process _____

_____ statistics.

---

1. 수동태

The classroom is cleaned **every day.**   그 교실은 매일 청소된다.
수동태(be동사+과거분사)

수동태는 [be동사+과거분사] 형태로, 사람이나 사물에게 어떤 행위(상황)가 일어났는지를 표
현할 때 사용한다.

* 수동태의 시제는 be동사 형태 변화에 따라 달라진다. 특히 완료형은 **[have(has) been+과거분사]**임에 유의한다.

문제로 정리

① Her belongings have [been checked / being checked] .   그녀의 소지품들이 확인되었다.

② The key [is found / was found] under the bed.   그 열쇠는 침대 밑에서 발견되었다.

2. 문장 형식에 따른 수동태

1) 4형식 문장의 수동태 변형

Jane taught the students English.
간접목적어   직접목적어

| 주어가 간접목적어인 수동태 | The students **were taught** English by Jane. |
| 주어가 직접목적어인 수동태 | English **was taught to** students by Jane. |

① 대부분의 동사는 간접목적어 앞에 전치사 to를 사용한다.
② 전치사 for를 사용하는 동사: buy, make, find, get, build
③ 전치사 of를 사용하는 동사: ask

2) 5형식 문장의 수동태 변형

5형식 문장의 동사가 **사역/지각 동사**일 때 목적격 보어가 **동사원형**이면 **to부정사**로 바꾼다.

| 5형식 문장 | He **made me tell** the truth to everyone.
사역동사 목적어 목적격 보어 |
| 수동태 | I **was made** to tell the truth to everyone by him. |

5형식 문장의 목적격 보어가 **to부정사, 명사, 형용사, 분사**인 경우 수동태 뒤에 그대로 쓴다.

| 5형식 문장 | We **consider him diligent.**
동사 목적어 목적격 보어 |
| 수동태 | He **is considered** diligent (by us). |

문제로 정리

③ A ring was bought [for / to] him.   그를 위해 그 반지가 구입되었다.

④ The man was [seen / seen to] enter the library.   그 남자가 도서관에 들어
가는 것으로 보였다.

 ① been checked ② was found ③ for ④ seen to
 1.He is being chased by a dog. 2. The skyscraper was built in 1930. 3. I was given a ring on
my birthday. 4. I know it since it was shown to me. 5. He was elected class president.
6. You were made to cook dinner. 7. This whole process is based on statistics.

서술형 수행평가 **완벽 대비**

PART 5
to부정사·동명사

구성과 교과서 연계

Unit 1	to부정사의 명사적 용법, 형용사적 용법	두산(김) 1과, 천재(김) 2과, 비상(이) 1과
Unit 2	to부정사의 부사적 용법	두산(김) 1과, 금성(민) 4과
Unit 3	동명사 vs. to부정사	미래엔(배) 9과
Unit 4	to부정사 구문과 동명사 관용표현	천재(김) 1과, 미래엔(배) 9과
문법 마무리		

🛡️중학 문법이 쓰기다 연계

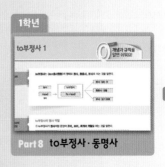

1학년

to부정사 1

Part 8 to부정사·동명사

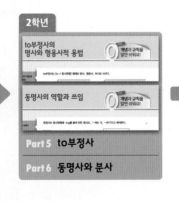

2학년

to부정사의 명사와 형용사적 용법

동명사의 역할과 쓰임

Part 5 to부정사

Part 6 동명사와 분사

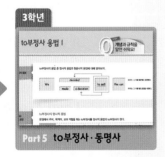

3학년

to부정사 용법 I

Part 5 to부정사·동명사

to부정사의 명사적 용법, 형용사적 용법

우리는 함께 해외여행을 가기로 결정했다.

We decided [to travel] abroad together.

Check❶ 문장에서 to부정사가 **주어, 보어, 목적어 역할**을 하는 것을 **명사적 용법**이라 한다.
Check❷ **형용사적 용법**은 주로 명사 뒤에 위치하며 '~할, ~해야 할'의 의미를 지닌다.

> 목적어 역할을 하는 to부정사의 명사적 용법이에요.

We decided : **to sell** : **the car.**   우리는 그 차를 팔기로 결정했다.

We made a decision : **to sell** : **the car.**   우리는 그 차를 팔 결정을 내렸다.

> to부정사의 형용사적 용법이에요.

---

to부정사의 의미상의 주어

→ 의미상의 주어는 to부정사가 나타내는 동작의 주체를 의미하는데, 주로 [for+목적격] 또는 [of+목적격] 형태이다.

✔ to부정사의 동작의 주체를 '의미상의 주어'라 한다. (의미상의 주어는 대부분 [for+목적격] 형태)

　It's time **for him** to leave. 그가 떠날 시간이다.

> 주어 역할을 하는 to부정사가 너무 긴 경우, 구조적 단순함을 위해 가주어 (it)를 사용해요.

✔ to부정사에 따른 의미상의 주어 형태 (형용사 비교)

일반적인 형용사 + for + 목적격	It is not easy for him **to read** along with her. 그가 그녀를 따라 읽는 것은 쉽지 않다.
성격 표현 형용사 + of + 목적격	It is very kind of you **to help** them. 네가 그들을 돕다니 매우 친절하구나.

> generous, wise, brave, kind 등

✅ Grammar 비교하며 익히기 ▪ 주어진 단어를 활용해 우리말에 맞게 문장을 완성하시오.

1 pass

I want [to pass] the exam.   나는 그 시험에 통과하기를 원한다.

My goal is [　　　　] the exam.   나의 목표는 그 시험을 통과하는 것이다.

2 be

My dream is [　　　　].   나의 꿈은 우주 비행사(astronaut)가 되는 것이다.

We like [　　　　].   우리는 너와 함께 있는 것을 좋아한다.

3 say

It was hard [　　　　] sorry.   내가 미안하다고 말하는 것은 힘들었다.

It was polite [　　　　] thank you.   네가 고맙다고 말하다니 공손하구나.

4 do

I had a lot of [　　　　].   나는 할 일들이 많이 있었다.

I want [　　　　].   나는 무언가를 하기 원한다.

5 help

He had no [　　　　].   그는 그를 도와 줄 친구가 없었다.

It is nice [　　　　].   다른 사람들을 돕는 것은 멋지다.

Sentence 비교하며 써보기

✎ 괄호 안에 주어진 어구를 알맞게 배열해 우리말에 맞게 문장을 쓰시오.

1

It may be (to swim, dangerous, river, that, in).

저 강에서 수영하는 것은 위험할지도 모른다.

> It may be dangerous to swim in that river.

2

He has (the task, the ability, to complete).

그는 그 과업을 완수할 능력이 있다.

3

It is (for me, to finish, by tonight, it, impossible).

내가 오늘 밤까지 그것을 끝내는 것은 불가능하다.

4

My goal is (an A, to get, on, test, the math).

내 목표는 그 수학 시험에서 A를 받는 것이다.

5

It was (not, the poem, to understand, for him, easy).

그가 그 시를 이해하는 것은 쉽지 않았다.

6

It takes (some time, to save, for, money, him).

그가 돈을 저축하기 위해 약간의 시간이 필요하다.

수행평가 SENTENCE WRITING

■ 각 문장에서 어법상 <u>어색한</u> 부분을 찾아 바르게 고쳐 쓰시오.

① There weren't any chairs left for us to sitting on.

② It was not easy you to understand the poem.

③ It was brave him to save the little girl.

① sitting	→	sit
② _____	→	_____
③ _____	→	_____

✓ 숙제용으로도 쓸 수 있어요.

Grammar Point 기초 to부정사 용법에 따른 의미

▪ 다음 to부정사의 용법을 보고 주어진 문장을 해석하시오.

명사적 용법	We decided <u>to sell</u> the car. → 우리는 그 차를 ⬚ .
형용사적 용법	We made a decision <u>to sell</u> the car. → 우리는 그 차를 ⬚ .

→ 명사적 용법의 to부정사는 문장에서 주어, 목적어, 보어 역할을 한다. 형용사적 용법의 to부정사는 보통 [명사(구) + to부정사] 형태로 나타난다.

Grammar for Writing 문장 쓰기

▪ 주어진 단어를 활용해 우리말에 맞게 문장을 완성하시오.

1 나는 그 시험에 통과하기를 원한다.   **pass**   → I want   to pass the exam   .

2 그 시험에 통과하는 것은 나의 목표이다.   **pass**   → ⬚ is my goal.

3 나의 목표는 그 시험에 통과하는 것이다.   **pass**   → My goal is ⬚ .

4 그녀는 내가 그 시험에 통과하기를 원한다.   **pass**   → She wants ⬚ .

5 네가 그들을 돕다니 매우 친절하구나.   **help**   → It is very kind ⬚ .

6 나는 해야 할 많은 것들이 있다.   **a lot of things**   → I have ⬚ .

7 나는 먹을 무언가를 원한다.   **something**   → I want ⬚ .

8 나는 그 계획을 바꿀 이유가 있다.   **reason, change**   → I have ⬚ .

9 그는 여행 갈 계획이 있다.   **plan, travel**   → He has ⬚ .

10 그는 그를 도와줄 친구가 없다.   **no friends, help**   → He has ⬚ .

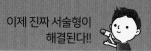
Grammar for 서술형 기본·심화 문제 풀기

A 기본 주어진 어구를 알맞게 배열해 우리말에 맞게 문장을 쓰시오.

1 was, for, to, him, it, read along with, easy, us

→ It was easy for us to read along with him.

그를 따라 읽는 것은 우리에게 쉬운 일이었다.

2 decided, together, travel abroad, to, we

→

우리는 함께 해외여행을 가기로 결정했다.

3 goal, to, get, an A, on, is, my, the math test

→

나의 목표는 그 수학 시험에서 A를 받는 것이다.

4 it, brave, to, him, the girl, of, was, save

→

그가 그 소녀를 구하다니 용감했구나.

5 the poem, understand, to, was, easy, it, not

→

그 시를 이해하는 것은 쉽지 않았다.

6 exercise, to, for, is, it, important, regularly, you

→

당신이 규칙적으로 운동하는 것은 중요하다.

B 심화 주어진 단어를 활용해 우리말에 맞게 문장을 완성하시오.

1 내가 오늘 밤까지 그것을 끝내는 것은 불가능하다. (finish)

→ It is impossible for me to finish it by tonight .

2 내가 미안하다고 말하는 것은 힘들었다. (say sorry)

→ It was .

3 그는 나를 도와줄 유일한 친구이다. (only, help)

→ He is .

4 그는 그 과업을 완수할 능력이 있다. (the ability, complete)

→ the task.

5 당신이 당신의 기술을 우리와 공유해주다니 관대하군요. (generous, share)

→ your technique with us.

6 새로운 언어를 배우는 것은 쉽지 않다. (easy, learn)

→ It is .

7 그들은 함께 여행 가기로 결정했다. (take a trip)

→ They decided .

그는 그 경주에서 승리해서 매우 기뻤다.

He was so happy to win the race.

Check ① 부사적 용법은 **목적**(~하기 위해), **결과**(~해서 …되다), **근거**(~하다니), **(감정의) 원인**(~해서)을 나타낸다.

Check ② 목적을 나타내는 to부정사는 [**in order to**]나 [**so as to**]로 바꾸어 쓸 수 있다.

He must be lazy to move so slowly.

그렇게 느리게 움직이다니 그는 게으른 것이 틀림없다.(근거)

I hurried to catch the train.

나는 그 기차를 타기 위해 서둘렀다. (목적)

= I hurried so as to(in order to) catch the train.

---

to부정사의 부사적 용법

→ to부정사의 부사적 용법은 **목적, 결과, 근거, 원인**을 나타낸다.

✓ to부정사의 부사적 용법은 그 의미가 다양하기 때문에 해석에 유의해야 한다.

목적: ~하기 위해	He saved money **to build** his own house.	짓기 위해
결과: ~해서 …되다	He grew up **to be** a famous politician.	~해서 ~이 되었다
근거: ~하다니	He must be a fool **to do** that.	하다니
(감정의) 원인: ~해서	He is pleased **to get** a job.	얻어서

원인을 나타내는 to부정사는 주로 감정을 표현하는 형용사(pleased, anxious, excited 등)들과 함께 쓰여요.

Grammar 비교하며 익히기 ■ 주어진 단어를 활용해 우리말에 맞게 문장을 완성하시오.

1 buy

She waited so long to buy that car .

그녀는 저 차를 사기 위해 오랫동안 기다렸다.

She must be rich .

저 차를 사다니 그녀는 부자임이 틀림없다.

2 pass

I studied hard .

나는 그 시험을 통과하기 위해 열심히 공부했다.

I was so happy .

나는 그 시험에 통과해서 매우 기뻤다.

3 get up

He set an alarm clock .

그는 일찍 일어나기 위해 자명종 시계를 맞췄다.

He must be diligent that early.

그렇게 일찍 일어나다니 그는 부지런한 것이 틀림없다.

4 travel

I bought a flight ticket .

나는 이탈리아로 여행가기 위해 비행기 표를 샀다.

I am excited .

나는 이탈리아로 여행가게 되어 흥분된다.

5 get

He must be smart on the test.

그 시험에서 A를 받다니 그는 영리함이 틀림없다.

He left home early on time.

그는 그곳에 제 시간에 도착하기 위해 집을 일찍 떠났다.

Sentence 써보기

주어진 단어를 활용해 우리말에 맞게 문장을 완성하시오.

1 **be**

She practiced hard | to be the best dancer in the world
> 그녀는 세계 최고의 무용수가 되기 위해 열심히 연습했다.

She grew up _____ .
> 그녀는 자라서 세계 최고의 무용수가 되었다.

2 **hear**

I was so pleased _____ .
> 나는 그 좋은 소식을 들어서 매우 기뻤다.

He must be happy _____ .
> 그는 그 좋은 소식을 들어서 기쁠 것이 틀림없다.

3 **learn**

I bought a tablet PC _____ .
> 나는 온라인으로 영어를 배우기 위해 태블릿 PC를 샀다.

I went to Canada _____ .
> 나는 영어를 배우러 캐나다에 갔다.

4 **make**

He must be a fool _____ .
> 그는 그러한 실수를 하다니 바보임에 틀림없다.

He practiced hard not _____ .
> 그는 실수하지 않기 위해 열심히 연습했다.

↳ to부정사의 부정은 [not+to부정사]이다.

5 **ask**

He cannot be rich _____ .
> 나에게 얼마의 돈을 요구 하다니 그는 부유할 리가 없다.

I wanted to meet him _____ .
> 나는 몇몇 질문을 하기 위해 그를 만나길 원했다.

6 **wake**

We kept quiet _____ .
> 우리는 그 아기를 깨우지 않기 위해 조용히 했다.

We kept quiet in order _____ .
> 우리는 그 아기를 깨우지 않기 위해 조용히 했다.

7 **invite**

I will send emails _____ .
> 나는 그들을 파티에 초대하기 위해 이메일들을 보낼 것이다.

I will send emails so as _____ .
> 나는 그들을 파티에 초대하기 위해 이메일들을 보낼 것이다.

수행평가 SENTENCE WRITING

■ 다음을 읽고, 우리말에 맞게 문장을 완성하시오.

Hello, my name is Peter. My dream is to be a pilot because

I ① <u>want to visit many countries</u> . I think it is very important
     (많은 나라들을 방문하고 싶다)

② _____ for the future. So I will do what is
  (내 자신을 준비하는 것)

necessary in order ③ _____ .
       (조종사가 되기 위해)

✓ 숙제용으로도 쓸 수 있어요.

Grammar Point 기초 to부정사 부사적 용법의 의미

■ 다음 to부정사의 부사적 용법에 따라 주어진 문장을 해석하시오.

목적	He waited to meet a famous politician. → 그는 유명한 정치가를 [만나기 위해] 기다렸다.
결과	He grew up to be a famous politician. → 그는 자라서 유명한 정치가가 [ ].
근거	She must be a fool to do that. → 저것을 [ ] 그녀는 바보임에 [ ].
원인	He was so happy to win the race. → 그는 그 경주에서 [ ].

→ to부정사의 부사적 용법은 목적, 결과, 판단의 근거, 감정의 원인의 의미를 나타낸다.

Grammar for Writing 문장 쓰기

■ 주어진 단어를 활용해 우리말에 맞게 문장을 완성하시오.

1 그는 표를 사기 위해 기다렸다.   buy   → He waited [to buy a ticket] .

2 그는 그 시험을 통과하기 위해 열심히 공부했다.   exam   → He studied [   ] .

3 그는 조깅하기 위해 일찍 일어났다.   jog   → He got up [   ] .

4 그는 그녀를 방문하기 위해 일본에 갔다.   visit   → He went [   ] .

5 그는 너를 깨우지 않기 위해 조용히 말했다. wake   → He spoke quietly [   ] .

6 나는 직업을 얻어서 기뻤다.   get   → I was pleased [   ] .

7 나는 그 뉴스를 들어서 행복했다.   hear   → I was happy [   ] .

8 저 차를 사다니 그는 부유한 것이 틀림없다. rich   → He must be rich [   ] .

9 그렇게 일찍 일어나다니 그는 부지런한 것이 틀림없다.   diligent → He must be [   ] that early.

10 그는 자라서 세계 최고의 무용수가 되었다.   be   → He grew up [   ] in the world.

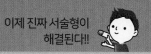

Grammar for 서술형 기본·심화 문제 풀기

A 기본 　주어진 어구를 알맞게 배열해 우리말에 맞게 문장을 쓰시오.

1	I, much, time, in order to, it, spent, complete	→	I spent much time in order to complete it.
			나는 그것을 완성하기 위해 많은 시간을 소비했다.
2	got up, early, so as to, the class, attend, I	→	
			나는 그 수업에 참석하기 위해 일찍 일어났다.
3	I, a tablet PC, in order to, online, English, learn, bought	→	
			나는 온라인으로 영어를 배우기 위해 태블릿 PC를 샀다.
4	send, emails, so as to, to, I, the party, will, them, invite	→	
			나는 그들을 그 파티에 초대하기 위해 이메일들을 보낼 것이다.
5	her, so as not to, lose, did, she, best, the race	→	
			그녀는 그 경주에서 지지 않기 위해 최선을 다했다.

B 심화 　주어진 단어를 활용해 우리말에 맞게 문장을 완성하시오.

1	나는 늦지 않기 위해서 집을 일찍 떠났다. (late)	→	I left home early	not to be late	.
2	나는 그 좋은 소식을 들어서 매우 기뻤다. (good news)	→	I was so pleased		.
3	나는 삼촌을 배웅하기 위해 그 기차역에 갔다. (see off, in order to)	→	I went to the train station		.
4	그는 실수하지 않기 위해 열심히 연습했다. (make a mistake, in order to)	→	He practiced hard		.
5	나는 내 재산을 지키기 위해 보안 카메라를 설치했다. (property)	→	I installed a security camera		.
6	Jack은 크면서 그의 아버지를 닮아 갔다. (resemble)	→	Jack grew up		.
7	나는 그 기차를 타기 위해 서둘렀다. (catch)	→	I hurried		.
8	나는 낚시하러 그 호수에 가고 있다. (fish)	→	I am going		.

그들은 그 회의를 준비하는 것을 끝냈다.

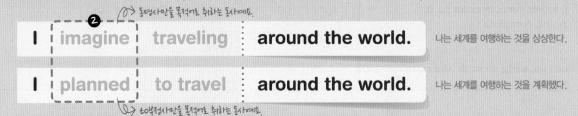

They finished ⟦ preparing ⟧ for the meeting.

Check❶ 동명사는 [**동사원형+ing**] 형태로 문장에서 **주어, 보어, 목적어 역할**을 할 수 있다.

Check❷ **동명사**만을 목적어로 취하는 동사, **to부정사**만을 취하는 동사가 있다.

> 동명사만을 목적어로 취하는 동사예요.

| I | imagine | traveling | around the world. | 나는 세계를 여행하는 것을 상상한다. |

| I | planned | to travel | around the world. | 나는 세계를 여행하는 것을 계획했다. |

> to부정사만을 목적어로 취하는 동사예요.

동명사 vs. to 부정사

→ 동명사만을 목적어로 취하는 동사, to부정사만을 취하는 동사, 둘 다 목적어로 취할 수 있지만 의미 차이가 있는 동사가 있다.

동명사를 취함	advise, allow, avoid, consider, delay, enjoy, imagine, mind, permit, practice, quit, discuss, suggest, miss, stop
to부정사를 취함	hope, desire, expect, ask, learn, promise, manage, choose, decide, need, afford, refuse
둘 다 취함	to부정사: remember (미래의 일), try (~하려고 노력하다, 시도하다)
	동명사: remember (과거의 일), try ((시험 삼아) ~해보다)

> to부정사나 동명사를 모두 목적어로 취할 수 있으나, 그 의미가 각각 달라져요.

💬 Grammar 비교하며 익히기 ▪ 주어진 단어를 활용해 우리말에 맞게 문장을 완성하시오.

| 1 | **go** | I enjoy _____ going _____ out. | 나는 외출하는 것을 즐긴다. |
| | | I want _____ out. | 나는 외출하기를 원한다. |

| 2 | **talk** | I avoided _____ to my boss. | 나는 나의 상사에게 말하는 것을 피했다. |
| | | I decided _____ to my boss. | 나는 나의 상사에게 말하기로 결심했다. |

| 3 | **get up** | I kept _____ early. | 나는 계속 일찍 일어났다. |
| | | I promised _____ early. | 나는 일찍 일어나기로 약속했다. |

| 4 | **meet** | He avoids _____ her. | 그는 그녀를 만나는 것을 피한다. |
| | | He wants _____ her. | 그는 그녀를 만나기를 원한다. |

| 5 | **move** | He considered _____ to another city. | 그는 다른 도시로 이사 가는 것을 고려했다. |
| | | He decided _____ to another city. | 그는 다른 도시로 이사 가기로 결심했다. |

Sentence 비교하며 써보기

🖊 주어진 단어를 활용해 우리말에 맞게 문장을 완성하시오.

1 feed

| She enjoys | feeding the baby birds | . | 그녀는 그 아기 새들에게 먹이 주는 것을 즐긴다. |
| She wants | | . | 그녀는 그 아기 새들에게 먹이 주기를 원한다. |

2 read

| He enjoys | | . | 그는 탐정 소설(detective story)들을 읽는 것을 즐긴다. |
| He chose | | . | 그는 탐정 소설(detective story)들을 읽는 것을 선택했다. |

3 study

| I decided | | . | 나는 해외에서 공부하기로 결심했다. |
| I imagine | | . | 나는 해외에서 공부하는 것을 상상한다. |

4 purchase

| I considered | | . | 나는 그 비싼 차를 구입하는 것을 고려했다. |
| I desired | | . | 나는 그 비싼 차를 구입하기를 원했다. |

5 clean up

| She finished | | . | 그녀는 그녀 자신의 방을 청소하는 것을 끝냈다. |
| She promised | | . | 그녀는 그녀 자신의 방을 청소하기로 약속했다. |

6 see

| I remember | | . | 나는 그녀를 보았던 것을 기억한다. |
| I have to remember | | . | 나는 내일 그녀를 볼 것을 기억해야 한다. |

7 leave

| We tried | | by dawn. | 우리는 새벽에 떠나기 위해 노력했다. |
| We tried | | the lid off. | 우리는 한번 뚜껑을 열어놓아 보았다. |

수행평가 SENTENCE WRITING

■ 다음 중 어법상 어색한 문장 두 개를 골라 번호를 쓰고 바르게 고쳐 쓰시오.

① We expected arriving on Saturday morning.　　(　) _____

② Jane suggested to go for a walk together.　　_____

③ My sister refused to help me with my project.　　(　) _____

④ I missed having dinner with my school mates.　　_____

Grammar Point 기초 동명사나 to부정사만을 목적어로 취하는 동사

▪ 주어진 동사를 활용해 문장을 완성하시오.

go	I enjoy _going_ out.	나는 외출하는 것을 즐긴다.	→ 동명사만을 목적어로 취하는 동사와 to부정사만을 목적어로 취하는 동사를 구별해서 알아둔다.
	I want ____ out.	나는 외출하기를 원한다.	
practice	I avoided ____ speaking English.	나는 영어로 말하는 연습하는 것을 피했다.	
	I need ____ speaking English.	나는 영어로 말하는 것을 연습할 필요가 있다.	

Grammar for Writing 문장 쓰기

▪ 주어진 단어를 활용해 우리말에 맞게 문장을 완성하시오.

1 걷는 것은 당신의 건강에 좋다.   **good, health**   → Walking   _is good for your health_   .

2 그녀의 일은 동물들을 돌보는 것이다.   **taking care of**   → Her job   ____   .

3 나는 노래하는 것을 즐긴다.   **enjoy**   → I   ____   .

4 나는 노래하고 싶다.   **want**   → I   ____   .

5 나는 나의 상사에게 말하기로 결심했다.   **my boss**   → I decided   ____   .

6 나는 나의 상사에게 말하는 것을 피했다.   **my boss**   → I avoided   ____   .

7 나는 계속 일찍 일어났다.   **get up**   → I kept   ____   .

8 나는 일찍 일어나기로 약속했다.   **get up**   → I promised   ____   .

9 그녀는 아기 새들에게 먹이 주는 것을 즐긴다.   **feed**   → She enjoys   ____   .

10 나는 세계를 여행하는 것을 상상한다.   **travel**   → I imagine   ____   .

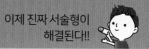

Grammar for 서술형 기본 · 심화 문제 풀기

A 기본 어법상 틀린 부분을 바르게 고쳐 쓰시오.

1 She enjoys to travel from place to place.
그녀는 여기저기 여행 다니는 것을 즐긴다.

→ She enjoys <u>traveling</u> from place to place.

2 I decided finding a new job.
나는 새로운 직업을 찾기로 결심했다.

→

3 They agreed accepting the offer.
그들은 그 제안을 받아들이는 것을 동의했다.

→

4 I expected seeing him at the conference.
나는 그 회의에서 그를 볼 것을 예상했다.

→

5 She suggested to go to the movies.
그녀는 영화 보러 가는 것을 제안했다.

→

B 심화 주어진 단어를 활용해 우리말에 맞게 문장을 쓰시오.

1 그는 그 비싼 차를 구입하는 것을 고려했다.
(purchase)

→ He considered purchasing the expensive car .

2 나는 내일 그녀를 볼 것을 기억해야 한다.
(remember)

→ I have to .

3 우리는 한번 뚜껑을 열어놓아 보았다.
(leave, off)

→ We tried .

4 우리는 내일 떠나기로 결심했다.
(leave)

→ We decided .

5 우리는 수업 중에 수다 떠는 것을 멈췄다.
(chat)

→ We stopped .

6 나는 어젯밤 네게 전화했던 것을 기억한다.
(call)

→ I remember .

7 그는 그녀를 만나는 것을 피한다.
(meet)

→ He avoids .

8 나는 해외에서 공부하는 것을 상상한다.
(study abroad)

→ I imagine .

그 강은 수영하기에는 너무 차갑다.

The river is too cold to swim.

Check ❶ [too+형용사/부사+to부정사]는 '~하기에 너무 ...한'의 의미를 지닌다. [so+형용사/부사+that ... can't] 구문으로 바꿀 수 있다.
Check ❷ [형용사/부사+enough+to부정사]는 '~할 만큼 충분히 ...한'의 의미로 [so+형용사/부사+that ... can] 구문으로 바꿔 쓸 수 있다.

= He is so weak that he can't lift the box.

He is **too weak to lift** the box.　　그는 그 박스를 들기에 너무 힘이 약하다.

He is **strong enough to lift** the box.　　그는 그 박스를 들만큼 힘이 세다.

= He is so strong that he can lift the box.

동명사 관용표현
→ 다양한 동명사의 관용표현을 숙어처럼 암기하자.

✔ 동명사를 이용한 관용표현들은 다음과 같다.

숙어	뜻	숙어	뜻
look forward to –ing	~을 고대하다	far from –ing	결코 ~하지 않다
have trouble –ing	~하는 데 어려움을 겪다	cannot help –ing	~하지 않을 수 없다
It(there) is no use –ing	~해 봐야 소용없다	be used to –ing	~하는 데 익숙하다
go –ing	~하러 가다	feel like –ing	~하고 싶다
be busy –ing	~하느라 바쁘다		

🗹 Grammar 비교하며 익히기 ▪ 다음 문장을 보고 알맞은 것을 고르시오.

1
I arrived　enough / (too)　late to enter.　나는 들어가기에는 너무 늦게 도착했다.

I arrived　early enough / enough early　to enter.　나는 들어가기에 충분히 일찍 도착했다.

2
He ran too　slowly / slow　to win the race.　그는 그 경주를 이기기에는 너무 천천히 달렸다.

He ran fast　enough to win / enough winning　the race.　그는 그 경주를 이기기에 충분히 빨리 달렸다.

3
She is too　busy / busily　to go to the party.　그녀는 그 파티에 가기에는 너무 바쁘다.

You worked　enough hard / hard enough　to succeed.　너는 성공할 만큼 충분히 열심히 일했다.

4
I　was busy / cannot help　working at the office.　나는 사무실에서 일하지 않을 수 없다.

I　was busy / cannot help　working at the office.　나는 사무실에서 일하느라 바빴다.

5
I　feel like / look forward to　going to the beach.　나는 해변에 가고 싶다.

I　feel like / look forward to　going to the beach.　나는 해변에 가길 고대한다.

Sentence 비교하며 써보기

✎ 괄호 안에 주어진 어구를 알맞게 배열해 우리말에 맞게 문장을 쓰시오.

1

The weather (too ~ to, hot, go out, was).

날씨가 나가기에는 너무 더웠다.

> The weather was too hot to go out.

2

I was (so ~ that … couldn't, I, pay attention to, my teacher, sleepy).

나는 너무 졸려서 선생님 말씀에 집중할 수가 없었다.

3

The software (too ~ to, is, use, for him, complex).

그 소프트웨어는 그가 사용하기에 너무 복잡하다.

4

The hall is (so ~ that … can, large, that, it, accommodate, many people).

그 홀(hall)은 매우 커서 많은 사람들을 수용할 수 있다.

5

He is (enough, smart, us, to teach, math).

그는 우리에게 수학을 가르쳐 줄 만큼 충분히 똑똑하다.

6

I (a new job, finding, had trouble).

나는 새 직업을 찾는 데 어려움을 겪었다.

수행평가 SENTENCE WRITING

■ 관련 있는 것끼리 연결 짓고, 주어진 어구를 활용해 그 의미가 통하도록 한 문장으로 다시 쓰시오.

| ① The shoes were too small. | • | • | I can't buy it. (too ~ to) |

① _____

| ② The car is expensive. | • | • | I couldn't wear them. (so ~ that … can't) |

② _____

Grammar Point 기초 [too ~ to]와 [enough to] 구문

■ too ~ to 구문과 enough to 구문을 사용해 우리말에 맞게 문장을 완성하시오.

too ~ to	He is _____ weak _____ the box.	그는 그 박스를 들기에 (힘이) 너무 약하다.
enough to	He is strong _____ the box.	그는 그 박스를 들만큼 (힘이) 충분히 세다.

→ [too ~ to] 구문은 '~하기에 너무 …한'의 의미를 지니고, [enough to]는 '~하기에(할 만큼) 충분히 …한'의 의미를 지닌다.

Grammar for Writing 문장 쓰기

■ 주어진 단어를 활용해 우리말에 맞게 문장을 완성하시오.

1   나는 들어가기에는 너무 늦게 도착했다.   too ~ to   → I arrived   too late to enter   .

2   나는 들어가기에 충분히 일찍 도착했다.   enough to   → I arrived early _____ .

3   그는 그 경주에서 이기기에는 너무 천천히 달렸다.   too ~ to   → He _____ the race.

4   그는 그 파티에 가기에는 너무 바쁘다.   too ~ to   → He _____ the party.

5   너는 성공할 만큼 충분히 열심히 일했다.   enough to   → You _____ succeed.

6   그것은 추천할 만큼 충분히 좋았다.   enough to   → It was _____ recommend.

7   나는 사무실에서 일하느라 바빴다.   be busy -ing   → I was _____ .

8   나는 영어로 일기를 쓰는 데 어려움을 겪었다.   have trouble -ing   → I _____ a diary in English.

9   나는 해변에 가고 싶은 기분이다.   feel like -ing   → I _____ the beach.

10   나는 해변에 갈 고대한다.   look forward to -ing   → I _____ the beach.

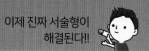

Grammar for 서술형 기본·심화 문제 풀기

A 기본　어법상 <u>틀린</u> 부분을 바르게 고쳐 쓰시오.

1　**He is so honest that he can tell a lie.**
그는 너무 정직해서 거짓말을 할 수 없다.

→ He is so honest that he <u>cannot</u> tell a lie.

2　**The weather was hot enough to go out.**
날씨가 나가기에는 너무 더웠다.

→

3　**I was so sleepy that I cannot pay attention to him.**
나는 너무 졸려서 그에게 집중할 수 없었다.

→

4　**She is too strong to move the table.**
그녀는 그 탁자를 옮길 만큼 충분히 힘이 세다.

→

5　**I am too busy to prepare dinner.**
나는 저녁을 준비하느라 바쁘다.

→

6　**There is no use to talk to him again.**
그에게 다시 이야기해 봤자 소용이 없다.

→

B 심화　주어진 구문을 활용해 우리말에 맞게 문장을 쓰시오.

1　그는 결코(전혀) 무서워하지 않았다.
(be far from -ing)

→ He was far from being　　　scared.

2　나는 너에 대해 생각하지 않을 수 없다.
(cannot help -ing)

→　　　about you.

3　그 차는 내가 사기에 너무 비싸다.
(too ~ to)

→ The car is　　　.

4　그 신발은 너무 작아서 내가 신을 수가 없었다.
(so ~ that … can't)

→ The shoes were　　　.

5　그 사용 설명서는 쉽게 이해할 수 있을 만큼
충분히 간단했다. (enough to)

→ The manual was simple　　　.

6　그 수프는 내가 먹기에는 너무 짜다.
(too ~ to)

→ The soup is　　　.

7　그 음악이 너무 시끄러워서 나는 잠을 잘 잘 수
없었다. (so ~ that … can't)

→ The music was　　　.

Part 5에 나오는 문장 정리

1. 그를 도와주다니 너는 친절하구나.

→ It is kind _____

_____ .

2. 나는 영어를 배우러 캐나다에 갔다.

→ I went to _____

_____ .

3. 그는 그녀를 만나기를 원한다.

→ He _____ .

4. 나는 세계를 여행하는 것을 상상한다.

→ I _____

_____ .

5. 나는 일찍 일어나기로 약속했다.

→ I _____

_____ .

6. 그는 그 경주를 이기기에는 너무 천천히 달렸다. (too ~ to)

→ He _____

_____ .

7. 나는 저녁을 준비하느라 바쁘다.

→ I _____ .

8. 나는 너에 대해 생각하지 않을 수 없다.

→ I _____

1. to부정사의 용법

명사적 용법	**역할**: 주어, 보어, 목적어 **의미**: ~하는 것	My goal is **to pass** the exam.
형용사적 용법	**역할**: 명사 수식 보어 **의미**: ~하는	He has no friends **to help** him.
부사적 용법	**역할**: 명사 제외한 문장성분 수식 **의미**: 목적(~하기 위해), 결과(~해서 …되다), 근거(~하다니), (감정의) 원인(~해서)	**목적** She waited for long **to buy** a ticket. **결과** He grew up **to be** a famous singer. **근거** He must be a fool **to do** that. **원인** I am excited **to travel** to Italy.

* to부정사의 의미상 주어 : to부정사가 나타내는 동작의 주체로 [for+목적격] 또는 [of+목적격] 형태이다.

2. 동명사 vs. to부정사

동명사만 목적어로 취하는 동사	advise, avoid, consider, delay, enjoy, imagine, mind 등
to부정사만 목적어로 취하는 동사	hope, desire, expect, ask, learn, promise, manage 등
둘 다 목적어로 취하는 동사 (단, 의미 차이 있음)	• 동명사: remember(과거의 일), try((시험 삼아) ~해보다) • to부정사: remember(미래의 일), try(~하려고 노력하다, 시도하다)

문제로 **정리**

① I avoided [to talk / talking] to my boss.

> 나는 나의 상사에게 말하는 것을 피했다.

② I must remember [to see / seeing] her tomorrow.

> 나는 내일 그녀를 볼 것을 기억해야 한다.

3. to부정사 구문과 동명사 관용표현

to부정사 구문	• too+형용사/부사+to부정사 ~하기에 너무 …한 = so+형용사/부사 that … can't ~ • 형용사/부사+enough+to 부정사 ~할 만큼 충분히 …한 = so+형용사/부사 that … can ~	
동명사 관용표현	look forward to -ing ~을 고대하다 have trouble -ing ~하는 데 어려움을 겪다 cannot help -ing ~하지 않을 수 없다	be used to -ing ~하는 데 익숙하다 be busy -ing ~하느라 바쁘다 far from -ing 결코 ~하지 않는

문제로 **정리**

③ He is [enough smart / smart enough] to teach us.

> 그는 우리를 가르칠 만큼 충분히 똑똑하다.

④ She is used to [work / working] here.

> 그녀는 여기서 일하는 것에 익숙하다.

문제로 정리 ① talking ② to see ③ smart enough ④ working

문장 정리 1. It is kind of you to help him. 2. I went to Canada to learn English. 3. He wants to meet her. 4. I imagine traveling around the world. 5. I promised to get up early. 6. He ran too slowly to win the race. 7. I am busy preparing dinner. 8. I cannot help thinking about you.

서술형 수행평가 완벽 대비

PART 6
분사

구성과 교과서 연계

Unit 1	분사 형태와 쓰임	두산(김) 10과, 미래엔(배) 4과, 비상(이) 6과
Unit 2	분사구문의 형태	두산(이) 9과, 천재(김) 9과, 미래엔(배) 8과
Unit 3	분사구문의 의미	두산(이) 9과, 천재(김) 9과, 비상(이) 10과
문법 마무리		

중학 문법이 쓰기다 연계

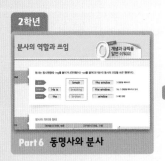

분사 형태와 쓰임

우리 마을에 1900년에 지어진 학교가 있다.

There is a school ┊ built ┊ in 1900 in my town. ❶

Check❶ 현재분사는 [동사원형+ing] 형태이고, 과거분사는 [동사원형+ed] 형태로 명사를 수식하거나 보어로 쓰인다.
Check❷ 능동/진행의 의미일 때는 현재분사를, 수동/완료의 의미일 때는 과거분사를 쓴다.

A ┊ crying ❷ ┊ baby is in the room.   울고 있는 아기가 그 방에 있다.

The ┊ trained ┊ dogs help the blind.   그 훈련 받은 개들은 시각장애인들을 돕는다.

분사의 쓰임 더 알아보기

→ 감정을 나타낼 때 분사를 사용할 수 있다. **주체가 감정의 원인이면 현재분사를 사용하고, 주체가 감정을 느끼면 과거분사를 사용한다.**

✔ 분사는 동사의 형태가 바뀌어 형용사처럼 사용되는 것으로 그 의미와 쓰임을 정확히 파악해 사용한다.

		감정을 나타내는 분사
주체가 감정의 원인일 때	The party was very exciting. 현재분사 / 과거분사 그 파티는 매우 흥미진진했다.	confusing - confused frightening - frightened satisfying - satisfied
주체가 감정을 느낄 때	I was excited about the party. 현재분사 / 과거분사 나는 그 파티에 신이 났다.	depressing - depressed embarrassing - embarrassed

→ 주체가 사람이라 해서 무조건 과거분사를 사용하지 않는 것에 주의!

💬 Grammar 비교하며 익히기   • 다음 문장을 보고 알맞은 형태를 고르시오.

1 웃고 있는 소년이 문 옆에 서 있었다.

The (smiling) / smiled boy stood by the door.

그 소년은 웃으면서 서 있었다.

The boy stood smiling / smiled .

2 그 집은 깨진 창문이 있다.

The house has a breaking / broken window.

그 깨진 창문은 수리되었다.

The breaking / broken window was fixed.

3 네 차를 고치고 있는 남자를 봐.

Look at the man fixing / fixed your car.

그가 그 창문이 수리되도록 했다.

He had the window fixing / fixed .

4 나는 놀라운 뉴스를 들었다.

I heard the surprising / surprised news.

나는 그 뉴스에 놀랐다.

I was surprising / surprised at the news.

5 그녀는 흥미로운 사람이다.

She is an interesting / interested person.

그녀는 요리에 흥미가 있다.

She is interesting / interested in cooking.

Sentence 비교하며 써보기

✎ 주어진 단어를 활용해 우리말에 맞게 문장을 완성하시오.

1 fall

| Falling snow | looks pretty. | 내리는 눈은 예뻐 보인다. |
| | blocked the road. | 쓰러진 나무가 그 도로를 막았다. |

2 hide

| The police | the evidence. | 경찰은 그가 증거를 숨기고 있는 것을 보았다. |
| The pirate kept | . | 그 해적은 보물을 계속 숨겨 두었다. |

3 knit

| | in soft wool is for my dad. | 부드러운 울로 짜인 이 조끼는 우리 아빠를 위한 것이다. |
| I sat | . | 나는 그 조끼를 뜨면서 앉아 있었다. |

4 bore

| | during the math class. | 그들은 수학 시간에 지루했다. |
| Why is every | ? | 왜 매 수학 시간은 그렇게(so) 지루할까? |

5 confuse

| It was | . | 그것은 매우 혼란스러운 이야기였다. |
| | by the story. | 그녀는 그 이야기에 혼란스러웠다. |

6 depress

| It is the | . | 그것은 가장 우울한 이야기다. |
| | yesterday. | 나는 어제 우울함을 느꼈다. |

7 interest

| I read | about science. | 나는 과학에 관한 흥미로운 책을 읽었다. |
| | in science. | 나는 과학에 관심이 있다. |

수행평가 SENTENCE WRITING

■ 각 문장에서 어법상 틀린 부분을 찾아 바르게 고쳐 쓰시오.

① She thought that this story is bored.

② His gesture and facial expression tell us that he is terribly confusing.

③ I had to knock the locking door down to get in.

① ___bored___ → ___boring___

② _____ → _____

③ _____ → _____

Grammar Point 기초 현재분사와 과거분사의 구별

▪ 주어진 단어를 알맞은 분사 형태로 바꿔 문장을 완성하시오.

cry	A baby lay crying in the room.	아기가 그 방에서 울면서 누워있었다.
train	The ___ dogs help the blind.	그 훈련 받은 개들은 시각장애인들을 돕는다.
wash	Look at the man ___ the car.	세차하고 있는 남자를 봐.

→ 현재분사는 '~하고 있는, ~하게 하는'의 의미이고, 과거분사는 '~된, ~한'의 의미를 지닌다.

Grammar for Writing 문장 쓰기

▪ 주어진 단어를 활용해 우리말에 맞게 문장을 완성하시오.

1 웃고 있는 소년이 문 옆에 서 있었다.　smile　→　The smiling boy　stood by the door.

2 청바지를 입고 있는 소년이 내 사촌이다.　wear　→　_____ is my cousin.

3 그 소년은 웃으면서 서 있었다.　smile　→　The boy _____ .

4 그 집은 깨진 창문을 가지고 있다.　break　→　The house _____ .

5 깨진 창문은 수리되었다.　break　→　_____ was fixed.

6 그는 그 창문이 수리되도록 했다.　fix　→　He had _____ .

7 나는 놀라운 뉴스를 들었다.　surprise　→　I heard _____ .

8 나는 그 소음에 깜짝 놀랐다.　frighten　→　_____ by the noise.

9 나는 그가 트랙 위를 빠르게 달리고 있는 것을 보았다.　run　→　I saw _____ on the track.

10 그녀는 흥미로운 사람이다.　interest　→　She is _____ .

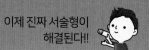

Grammar for 서술형 기본·심화 문제 풀기

A 기본 어법상 어색한 부분을 바르게 고쳐 쓰시오.

1 Fallen snow looks pretty.
내리는 눈은 예뻐 보인다.
→ <u>Falling</u> snow looks pretty.

2 The police saw him to hiding the evidence.
경찰이 그가 그 증거를 숨기고 있는 것을 보았다.
→

3 They were boring during the math class.
그들은 수학 시간에 지루했다.
→

4 I read an interested book about science.
나는 과학에 관한 흥미로운 책을 읽었다.
→

5 It was a very confused story.
그것은 매우 혼란스러운 이야기였다.
→

B 심화 주어진 어구를 활용해 우리말에 맞게 문장을 쓰시오.

1 그의 혼란스러운 수업은 나에게 두통을 주었다.
(confuse, headache)
→ His confusing lesson gave me a headache.

2 나는 그 식사에 만족했다.
(be satisfied with)
→

3 그 해적은 보물을 계속 숨겨두었다.
(pirate, hide)
→

4 왜 매 수학 시간은 그렇게 지루할까?
(every, bore)
→

5 나는 어제 우울함을 느꼈다.
(feel, depress)
→

6 저기서 크게 말하고 있는 소녀를 봐라.
(talk, over there)
→

7 그들은 쓰러진 나무를 건널 수 없었다.
(cross over, fall)
→

8 설거지하는 소년을 봐라.
(wash)
→

호수를 따라 걸으면서 그는 휘파람을 불었다.

→ (Being) walking
While he was walking along the lake, he whistled.

❶

Walking along the lake, **he whistled.**

Check❶ 분사구문은 긴 부사절[접속사+주어+동사]을 **분사를 이용해** 구로 바꾼 형태인데, 부사절이 능동태면 부사절 동사를 **현재분사**, 수동태면 **과거분사**로 바꾼다. (**Being**은 생략할 수 있다.)

Check❷ 분사구문으로 바꿀 때 주로 **접속사는 생략**되며, 부사절과 주절의 주어가 **일치**하면 부사절의 **주어**를 생략할 수 있다.

❷

Winning the match, **I jumped for joy.**

그 경기에서 승리했을 때, 나는 기뻐서 날뛰었다.

The team winning the match, **I jumped for joy.**

그 팀이 그 경기에서 승리했을 때, 나는 기뻐서 날뛰었다.

↪ 주절의 주어와 부사절의 주어가 서로 불일치하기 때문에 주어를 생략할 수 없다.

여러 가지 분사구문
→ [with+명사+분사] 형태와 숙어처럼 쓰이는 분사구문에 대해 알아보자.

↗ 명사와의 관계가 능동이면 현재분사, 수동이면 과거분사

with+명사+분사	I was sitting with the music **playing**. 나는 음악을 틀어놓은 채로 앉아 있었다. I was sitting with my legs **crossed**. 나는 내 다리를 꼰 채로 앉아 있었다.
숙어처럼 쓰이는 분사구문	generally speaking 일반적으로 말하면 judging from ~로 판단하건대 strictly speaking 엄격하게 말하면 considering ~임을 고려하면

📝 Grammar 비교하며 익히기 ▪ 우리말에 맞게 분사구문을 완성하시오. (주어진 단어가 있을 경우 활용할 것)

1 be

Being sick, he went to bed early.
그는 아파서 일찍 잠자리에 들었다.

_____ sick, she visited him.
그가 아파서 그녀는 그를 방문했다.

2 approach

_____ him, she felt nervous.
그에게 다가갈 때 그녀는 긴장했다.

_____ the object, his team got nervous.
그가 그 물체에 접근하자 그의 팀은 긴장했다.

3 play

_____ the piano, I clapped.
그녀가 피아노를 연주하는 동안 나는 손뼉을 쳤다.

I fell asleep with the music _____.
나는 음악을 틀어 놓은 채로 잠들었다.

4 fold

_____ the cards, he prepared the party.
카드를 접으면서 그는 파티를 준비했다.

I stood still with my arms _____.
나는 팔짱을 긴 채로 가만히 서 있었다.

5

_____, it is not free.
엄격하게 말하면, 그것은 공짜가 아니다.

_____ the situation, I need more time.
상황을 고려하면, 나는 시간이 더 필요하다.

Sentence 비교하며 써보기

다음 문장을 우리말에 맞게 완성하고, 분사구문으로 바꿔 다시 쓰시오.

1 As [it is written in English] , the story is not easy to understand.
→ _____

> 그 이야기는 영어로 쓰여있기 때문에 이해하기 쉽지 않다.

2 As _____, he was very tired.
→ _____

> 그는 밤늦게 도착해서 매우 피곤했다.

3 While _____, I laughed a lot.
→ _____

> 그가 농담을 하는 동안, 나는 많이 웃었다.

4 Because _____, I ran to the hospital.
→ _____

> 나는 엄마가 걱정되었기 때문에 병원에 뛰어갔다.

5 After _____, he started to prepare dinner.
→ _____

> 그는 TV쇼를 다 보고(finish) 나서 저녁 준비하는 것을 시작했다.

6 While _____, she danced.
→ _____

> 그가 노래를 부르고 있는 동안, 그녀는 춤을 췄다.

7 Because he _____, I waited at the door.
→ _____

> 그가 샤워를 하고 있었기 때문에 나는 문에서 기다렸다.

수행평가 SENTENCE WRITING

■ 다음 표를 보고, 주어진 단어를 활용해 우리말에 맞게 분사구문 문장을 쓰시오.

	분사구	주절
①	walk	whistle
②	nod	read
③	permit	go swimming

① 호수로 걸어가면서 그들은 휘파람을 불었다.
→ Walking to the lake, they whistled.

② 그의 고개를 끄덕이면서, 그는 책을 읽었다.
→ _____

③ 날씨가 허락한다면, 우리는 내일 수영하러 갈 것이다.
→ _____
_____

Grammar Point 기초 분사구문으로 전환하기

■ 주어진 문장에서 부사절을 분사구문으로 바꿔 문장을 완성하시오.

While he was walking along the lake, he whistled. → _____, he whistled.	호수를 따라 걸으면서 그는 휘파람을 불었다.
While she was watching TV, he started to prepare dinner. → _____, he started to prepare dinner.	그녀가 TV를 보는 동안, 그는 저녁 준비하는 것을 시작했다.

→ 분사구문은 긴 부사절을 분사를 이용해 짧은 구로 바꾼 형태를 말한다. 분사구문을 만들 때 부사절과 주절의 주어가 일치하면 접속사와 부사절 주어를 생략하는 것을 주의한다.

Grammar for Writing 문장 쓰기

■ 주어진 단어를 활용해 우리말에 맞게 분사구문을 완성하시오.

1 경기에서 승리했을 때, 나는 기뻐서 날뛰었다. | **win, match** → | _Winning the match_ , I jumped for joy.

2 그 팀이 경기에서 승리했을 때, 나는 기뻐서 날뛰었다. | **win, match** → | _____, I jumped for joy.

3 밤늦게 도착했을 때, 그는 매우 피곤했다. | **arrive** → | _____, he was very tired.

4 돈이 없어서 나는 그 청바지를 살 수 없었다. | **have** → | _____, I couldn't buy the jeans.

5 피곤함을 느꼈기 때문에 나는 일찍 잠자리에 들었다. | **feel tired** → | _____, I went to bed early.

6 길을 따라 걷는 동안 나는 노래를 불렀다. | **walk along** → | _____, I sang a song.

7 TV를 보고 있는 동안 나는 많이 웃었다. | **watch** → | _____, I laughed a lot.

8 그가 농담을 하는 동안 나는 많이 웃었다. | **make jokes** → | _____, I laughed a lot.

9 음악을 들으면서 나는 그림을 그렸다. | **listen to** → | _____, I drew a picture.

Grammar for 서술형 기본·심화 문제 풀기

A 기본 어법상 틀린 부분을 바르게 고쳐 쓰시오.

1 ✓	**Having arrived late, we couldn't take a seat.** 그가 늦게 도착해서 우리는 좌석에 앉을 수 없었다.	→ He having arrived late, we couldn't take a seat.
2	**Approaching him, she feeling nervous.** 그에게 다가갈 때, 그녀는 긴장했다.	→
3	**Taking a shower, I waited at the door.** 그가 샤워를 해서 나는 문에서 기다렸다.	→
4	**He was standing there, felt the wind blow.** 그는 바람이 부는 것을 느끼며 거기 서 있었다.	→
5	**It been nice, we went swimming.** 날씨가 좋아서 우리는 수영하러 갔다.	→
6	**Folded the cards, he prepared the party.** 카드를 접으면서 그는 그 파티를 준비했다.	→

B 심화 주어진 어구를 활용해 우리말에 맞게 문장을 쓰시오.

1	상황을 고려하면, 나는 시간이 더 필요하다. **(considering)**	→ Considering the situation, I need more time.
2	엄격하게 말하면, 그것은 공짜가 아니다. **(strictly speaking)**	→
3	음악을 들으면서, 나는 러닝머신 위에서 뛰었다. **(run, treadmill)**	→
4	그녀가 피아노를 연주하는 동안 나는 손뼉을 쳤다. **(play, clap)**	→
5	팔짱을 낀 채 그는 음악을 들었다. **(with, fold)**	→
6	그가 노래를 부르는 동안 그녀는 춤을 췄다. **(sing, dance)**	→
7	엄마가 걱정되어 나는 병원으로 뛰어갔다. **(worry, run)**	→

옆집에 살았음에도 불구하고, 나는 거의 그녀를 만나지 않았다.

❶
Living next door, I **❷** **hardly** met her.

= Although I lived next door,

Check❶ 분사구문은 크게 **시간, 동시동작, 이유, 조건, 양보**의 의미를 나타낸다.

Check❷ 분사구문은 대부분 접속사가 생략되는 경우가 많기 때문에 문맥상 의미를 파악해야 한다.

= When he opened the door,

Opening the door, he saw me.

문을 열었을 때, 그는 나를 봤다.
(시간-특정시점)

Turning to the left, you will see the building.

왼쪽으로 돌면, 너는 그 건물을
볼 것이다.(조건)

= If you turn to the left,

Being sick, I can't go to work.

아프기 때문에 나는 일을 갈 수
없다.(이유)

= Because I am sick,

여러 가지 접속사

→ 분사구문은 접속사가 생략되어 있기 때문에 다양한 접속사를 알아두면 유용하다.

시간	when, while, as, and, before, after, ...	While he was watching TV, his wife drank coffee.
조건	if, unless	If you turn to the right, you will see the school.
이유/결과	because, since, as, ...	Because she studied hard, she got good grades.
양보	although, though, even though, ...	Although he was sad, he smiled.

Grammar 비교하며 익히기 ▪ 다음 표시된 부분의 의미에 맞게 문맥상 더 적절한 해석을 고르시오.

1 **Taking a bus** , you won't get there on time. ☐ 버스를 타면서   ✓ 버스를 타면

I washed the dishes, **listening to music** . ☐ 음악을 듣기 때문에   ☐ 음악을 들으면서

2 **Being sick** , I can't go to work. ☐ 아플지라도   ☐ 아파서

Being new , he has a lot of experience. ☐ 신입이기 때문에   ☐ 신입이지만

3 **Studying hard** , she got good grades. ☐ 열심히 공부했기 때문에   ☐ 열심히 공부했음에도

Being lost , I was scared. ☐ 길을 잃어서   ☐ 길을 잃었을지라도

4 **Being late** , you'll get in trouble. ☐ 늦으면   ☐ 늦을지라도

Seeing the spider , he jumped in fright. ☐ 그 거미를 봤을지라도   ☐ 그 거미를 봤을 때

5 **He helping me** , I couldn't fix the car. ☐ 그가 날 도와주면   ☐ 그가 날 도와줬지만

Taking a shower , he put on a new shirt. ☐ 샤워를 한 후에   ☐ 샤워를 하는 동안

Sentence 비교하며 써보기

주어진 접속사를 활용해 분사구문을 부사절로 바꿔 쓰시오.

1

Seeing the scene, they began to laugh. (when)

그 장면을 봤을 때, 그들은 웃기 시작했다.

> When they saw the scene, they began to laugh.

2

Taking a taxi, you will arrive there on time. (if)

택시를 탄다면, 너는 그곳에 제시간에 도착할 것이다.

3

Arriving late, she sat in the back row. (because)

늦게 도착했기 때문에 그녀는 뒷줄에 앉았다.

4

Exhausted by the work, I didn't go there. (as)

일에 지쳐서 나는 거기 가지 않았다.

5

I opening the door, she was listening to the radio. (when)

내가 문을 열었을 때, 그녀는 라디오를 듣고 있었다.

6

Wanting to become a lawyer, she studies hard. (because)

변호사가 되고 싶기 때문에 그녀는 열심히 공부한다.

수행평가 SENTENCE WRITING

■ 주어진 문장의 부사절을 분사구문으로 바꿔 문장을 다시 쓰시오.

① While I was washing the dishes, she talked to me.

② Because she had lots of work to do, she didn't want to go to the party.

③ If your dog is left alone, he might bark loudly.

① I washing the dishes, she talked to me.

②

③

✓ 숙제용으로도 쓸 수 있어요.

Grammar Point 기초 분사구문의 의미

■ 주어진 접속사를 사용해 분사구문을 부사절로 바꿔 문장을 완성하시오.

Living next door, I often met her. (when)

→ _____ , I often met her.

옆집에 살았을 때, 나는 자주 그녀를 만났다.

Living next door, I could hardly meet her. (although)

→ _____ , I could hardly meet her.

옆집에 살았음에도 불구하고, 나는 거의 그녀를 만나지 못했다.

→ 분사구문은 대부분 접속사가 생략되는 경우가 많기 때문에 문맥상 분사구문의 의미를 파악해야 한다.

Grammar for Writing 문장 쓰기

■ 밑줄 친 부사절을 분사구문으로 바꿔 쓰시오.

1 After he took a shower, he put on a new shirt.
→ Taking a shower , he put on a new shirt.

2 Although nobody wanted to tell the truth, he broke the silence.
→ _____ , he broke the silence.

3 When he opened the door, he saw me.
→ _____ , he saw me.

4 While he was listening to music, he danced.
→ _____ , he danced.

5 After he put on his shoes, he left there.
→ _____ , he left there.

6 While I was washing the dishes, I talked to my friend.
→ _____ , I talked to my friend.

7 After I washed the dishes, I dried them.
→ _____ , I dried them.

8 Because she had lots of work to do, she didn't go to the party.
→ _____ , she didn't go to the party.

9 If they are washed at the wrong temperature, clothes can shrink.
→ _____ , clothes can shrink.

Grammar for 서술형 기본·심화 문제 풀기

A 기본 주어진 접속사를 활용해 분사구문을 부사절로 바꿔 쓰시오.

1 **Seeing the scene, he began to laugh.** (when)	→ When he saw the scene, he began to laugh.
2 **Having dinner, we chatted a lot.** (while)	→
3 **Seeing the spider, he jumped in fright.** (when)	→
4 **Arriving late, she sat in the back row.** (because)	→
5 **Exhausted by the work, I didn't go there.** (as)	→
6 **Turning to the right, you will see the school.** (if)	→

B 심화 우리말에 맞게 분사구문 문장을 쓰시오.

1 그가 TV를 보는 동안 그의 아내는 커피를 마셨다. **(watch, drink)**	→ He watching TV, his wife drank coffee.
2 돈이 충분히 있었음에도 불구하고, 나는 쇼핑을 갈 수 없었다. **(have, go)**	→
3 택시를 탄다면, 너는 그곳에 제시간에 도착할 것이다. **(take, arrive)**	→
4 변호사가 되고 싶기 때문에 그녀는 열심히 공부한다. **(want, become)**	→
5 내가 문을 열었을 때, 그녀는 라디오를 듣고 있었다. **(open, listen)**	→
6 그는 슬펐음에도 불구하고, 미소를 지었다. **(be, smile)**	→
7 크게 소리치면서 그녀는 그를 향해 뛰어갔다. **(shout, run toward)**	→

교과서 **문법 마무리** 개념 정리 ➕ 문장 정리 ➕ 문제 유형

Part6에 나오는 문장 정리

1. 그 소년은 웃으면서 서 있었다.
→ The boy _____ .

2. 그녀는 흥미로운 사람이다.
→ She _____

_____ .

3. 저기서 크게 말하고 있는 소녀를 봐라.

→ _____

_____ loudly over there.

■ 부사절은 분사구문으로, 분사구문은 부사절로 바꾸시오.

4. While he was singing a song, she danced.

→ _____

_____ .

5. As he arrived late at night, he was very tired.

→ _____

_____ .

6. Seeing the scene, he began to laugh. (when)

→ _____

_____ .

7. Washing the dishes, I dried them. (after)

→ _____

---

1. 분사 형태와 쓰임

분사는 동사의 형태가 바뀌어 형용사처럼 쓰이는 것으로, **능동/진행**의 의미는 **현재분사**, **수동/완료**의 의미는 **과거분사**를 쓴다.

A crying baby is in the room. 울고 있는 아기가 방 안에 있다.
현재분사(동사원형+ing)

The trained dogs help the blind. 그 훈련 받은 개들은 시각장애인들을 돕는다.
과거분사(동사원형+ed)

* 감정을 나타내는 분사: 주체가 감정의 원인이면 현재분사, 감정을 느끼면 과거분사를 사용한다.
  ex) satisfying(만족시키는) – satisfied(만족하는), frightening(무서운) – frightened(겁먹은)

문제로 정리

① The party was very [exciting / excited] .   그 파티는 매우 흥미진진했다.

② He had the window [fixing / fixed] .   그는 그 창문이 수리되도록 했다.

2. 분사구문의 형태와 의미

분사구문은 부사절(접속사+주어+동사)을 분사를 이용해 구로 바꾼 형태를 말한다.

Walking along the lake, he whistled. 호수를 따라 걸으면서, 그는 휘파람을 불었다.

┌── 주어일치 ──┐
While he was walking along the lake, he whistled.
접속사 주어   동사   주어

✔ **분사구문으로 바꾸는 방법**

> 1. 접속사는 주로 생략한다.
> 2. 부사절 주어가 주절의 주어와 일치하면 부사절 주어를 삭제, 불일치하면 주어를 유지한다.
> 3. 부사절 문장이 능동태이면 부사절 동사를 현재분사로, 수동태이면 과거분사로 바꾼다(Being은 생략가능).

* [with+명사+분사]와 관용적으로 쓰이는 분사구문(generally speaking 등)도 함께 알아둔다.

✔ **여러 가지 접속사**

시간	when, while, as, and, before, after, ...	이유/결과	because, since, as, ...
조건	although, though, even though, ...	조건	if, unless

* 분사구문은 접속사가 생략된 경우가 많으므로, 접속사의 의미를 알아두면 유용하다.

문제로 정리

③ She [played / playing] the piano, I clapped.   그녀가 피아노를 연주하는 동안 나는 손뼉을 쳤다.

④ [Worrying / Worried] about my mom, I ran to the hospital.   엄마가 걱정되어 나는 병원으로 뛰어갔다.

문제로 정리 ① exciting ② fixed ③ playing ④ Worried

문장 정리 1. The boy stood smiling. 2. She is an interesting person. 3. Look at the girl talking loudly over there. 4. He singing a song, she danced. 5. Arriving late at night, he was very tired. 6. When he saw the scene, he began to laugh. 7. After I washed the dishes, I dried them.

"Hope" Is the Thing with Feathers

by Emily Dickinson

"Hope" is the thing with feathers –
That perches in the soul –
And sings the tune without the words –
And never stops – at all –

And sweetest – in the Gale – is heard –
And sore must be the storm –
That could abash the little Bird
That kept so many warm –

I've heard it in the chillest land –
And on the strangest Sea –
Yet, never, in Extremity,
It asked a crumb – of me.

"희망"은 날개가 달린 것–

영혼 안에 걸터앉아–
가사 없는 노래를 부르며–
결코 그칠 줄을 모른다

강풍 속에서도 가장 달콤한 소리 들리고–
필시 거센 폭풍우도–
많은 이들을 따스히 보듬어준–
작은 새를 멈출 수 없다

꽁꽁 얼어붙은 땅에서도–
가장 낯선 바다에서도 들었네–
허나 그 새는, 절대, 극도로 곤궁할지라도,
내게 빵 부스러기 하나 요구하는 일이 없었다.

Part 7이 이어져요. →

서술형, 수행 평가를 위한 조언

부사절 접속사, 상관접속사의 종류와
의미를 비교해 알맞은 쓰임을 파악하고,
접속사를 정확히 사용해 문장을 쓸 수 있
어야 한다.

서술형 수행평가 **완벽 대비**

PART 7

접속사

구성과 교과서 연계

Unit 1 부사절 접속사	두산(이) 4과, 천재(김) 7과, 비상(이) 8과
Unit 2 상관접속사	두산(이) 9과, 천재(이) 2과, YBM(박) 9과
문법 마무리	

중학 문법이 쓰기다 연계

그녀는 (키가) 작음에도 불구하고 힘이 세다. (양보)

[Although ❶] she is small, she is strong.

Check ❶ 부사절 접속사는 **시간, 이유, 목적, 조건, 양보**의 의미를 나타낸다.
Check ❷ 시간과 조건의 부사절에서는 부사절이 **미래**를 나타내더라도 **현재 시제**를 사용한다.

[If ❷] you [are ❷] in trouble, I will help you.

너에게 문제가 생긴다면, 나는 너를 도울 것이다. (조건)

As I didn't feel good, I used a sick day.

나는 몸이 좋지 않아서 병가를 냈다. (이유)

↳ as는 시간과 이유를 모두 나타낼 수 있기 때문에 문맥에 따라 알맞게 해석해야 해요.

부사절 접속사

→ 부사절 접속사는 **완전한 문장 두 개**를 연결해 주며, **시간, 이유, 목적, 조건, 양보**의 의미를 나타낸다.

시간	when, while, as soon as, until, as, since, after	I will wait **until** you arrive. 나는 네가 도착할 때까지 기다릴 것이다.
이유/목적	because, so that, as, since	I couldn't go out **because** I was sick. 나는 아팠기 때문에 나갈 수 없었다.
조건	if, unless(= if ~ not)	**If** I ask him to stay, he won't leave tonight. 내가 그에게 머무르라고 요청한다면, 그는 오늘 밤에 떠나지 않을 것이다.
양보/대조	although, even though, though, whereas	He is tall, **whereas** his twin brother is short. 그는 키가 큰 반면, 그의 쌍둥이 형은 작다.

✅ Grammar 비교하며 익히기 · 다음 문장에서 알맞은 접속사를 고르시오.

1 나는 네가 준비될 때까지 기다릴 수 있다.

I can wait (until) / while you get ready.

내가 준비하는 동안 그는 나를 기다렸다.

Until / While I was getting ready, he waited for me.

2 나는 회의가 있어서 떠나야 한다.

If / Since I have a meeting, I have to leave.

나는 어렸을 때 이후로 여기서 살고 있다.

If / Since I was young, I have lived here.

3 나는 바닥을 쓸면서 노래를 불렀다.

As / After I swept the floor, I sang a song.

나는 건강해질 수 있게 운동을 한다.

I work out so that / after I can get healthy.

4 그는 아팠기 때문에 침대에 누워있었다.

He stayed in bed because / as soon as he was ill.

나는 집에 도착하자마자 너에게 전화할 것이다.

Because / As soon as I get home, I'll call you.

5 나는 피곤했음에도 불구하고, 계속 뛰었다.

Although / If I was tired, I kept running.

눈이 온다면, 나는 눈사람을 만들 것이다.

Although / If it snows, I will make a snowman.

Sentence 골라 써보기

✎ 알맞은 접속사를 골라 우리말에 맞게 문장을 완성하시오.

1

(While) / So that

나는 공부하는 동안 약간의 간식을 먹었다.

| While I was studying | , I ate some snacks. |

2

As soon as / Because

그는 그녀를 보자마자 아무 말도 할 수 없었다.

| | , he couldn't say anything. |

3

Since / Although

그녀는 부유하지만, 매우 열심히 일한다.

| | , she works very hard. |

4

Even though / While

우리가 많이 싸우긴 했지만, 너는 여전히 나의 가장 친한 친구야.

| | , you are still my best friend. |

5

whereas / so that

나는 잠을 더 잘 수 있게 아침을 먹지 않는다.

I don't eat breakfast | | .

6

If / As soon as

나는 버스에서 내리자마자 학교로 뛰어갔다.

| | , I ran to school. |

수행평가 SENTENCE WRITING

■ 접속사 as와 since의 주어진 의미 중 알맞은 것을 골라 문맥에 맞게 해석하시오.

As: ~하면서 / ~때문에	**Since:** ~이래로 / ~때문에
① As I swept the floor, I sang a song. → 나는 바닥을 쓸면서 노래를 불렀다.	③ Since he was not there, I left a message. →
② As I was sick, I couldn't go out. →	④ Since I started to work, I have been busy. →

✔ 숙제용으로도 쓸 수 있어요.

Grammar Point 기초 부사절 접속사의 사용

■ 다음 두 문장을 주어진 부사절 접속사를 사용해 우리말에 맞게 문장을 쓰시오.

He had dinner. 그는 저녁을 먹었다.	+ after +	She came home. 그녀는 집에 왔다.

그는 그녀가 집에 오고 난 후에 저녁을 먹었다.

→ He _____ .

→ 부사절 접속사는 문장과 문장을 연결해 주는 접속사 역할과 주절을 생동감 있게 꾸며주는 부사 역할을 한다.

Grammar for Writing 문장 쓰기

■ 주어진 부사절 접속사를 활용해 우리말에 맞게 문장을 완성하시오.

1 내가 말하는 동안 그는 나에게 미소를 지었다.   **while**   → While I was talking , he smiled at me.

2 나는 일을 마치자마자 집에 갈 것이다.   **as soon as**   → _____ , I'll go home.

3 나는 회의가 있어서 떠나야 한다.   **since**   → _____ , I have to leave.

4 나는 어렸을 때 이후로 여기서 살고 있다.   **since**   → _____ , I have lived here.

5 나는 아팠기 때문에 나갈 수 없었다.   **because**   → I couldn't go out _____ .

6 내가 준비될 때까지 기다려줄 수 있니? (get)   **until**   → Can you wait _____ ?

7 내가 그를 봤을 때, 그는 나에게 미소를 지었다.   **when**   → _____ , he smiled at me.

8 만약 네가 원한다면 여기 머물러도 좋다.   **if**   → You can stay here _____ .

9 비가 오지 않는다면, 나는 자전거를 탈 것이다.   **unless**   → _____ , I'll ride my bike.

10 그들은 비록 가난할지라도, 행복하다.   **even though**   → _____ , they're happy.

Grammar for 서술형 [기본·심화] 문제 풀기

A [기본] 주어진 어구를 알맞게 배열해 밑줄 친 단어로 시작하는 문장을 우리말에 맞게 쓰시오.

1	ask, stay, he, leave, <u>if</u>, I, won't, tonight, him, to	→ If I ask him to stay, he won't leave tonight. 내가 그에게 머무르라고 요청한다면, 그는 오늘 밤에 떠나지 않을 것이다.
2	10, passed, the exam, <u>when</u>, was, he, he	→ _____ 그는 10살 때, 그 시험에 통과했다.
3	I, I, ate, studying, snacks, some, was, <u>while</u>	→ _____ 나는 공부하는 동안 약간의 간식을 먹었다.
4	eat, so that, can, sleep, I, I, don't, more, breakfast	→ _____ 나는 잠을 더 잘 수 있게 아침을 먹지 않는다.
5	I, I, school, the bus, ran, <u>as soon as</u>, to, got, off	→ _____ 버스에서 내리자마자 나는 학교로 뛰어갔다.
6	<u>you</u>, you, need, to, to, unless, want, come, don't	→ _____ 네가 원하지 않으면, 너는 오지 않아도 된다.

B [심화] 주어진 부사절 접속사를 활용해 우리말에 맞게 문장을 완성하시오.

1	너는 너무 많이 먹는 것을 그만두지 않으면, 아프게 될 거야. (unless)	→ Unless you stop eating too much , you will be sick.
2	그녀는 초콜릿 케이크를 좋아하는 반면 나는 그것을 싫어한다. (whereas)	→ She likes chocolate cake, _____ .
3	우리가 많이 싸우긴 했지만, 너는 여전히 나의 가장 친한 친구야. (even though)	→ _____ , you are still my best friend.
4	내 돈을 빌린 이후로 그녀는 나를 피하고 있다. (since)	→ _____ , she has been avoiding me.
5	너무 오래 걸리지만 않는다면, 나는 너를 도와줄 수 있다. (unless)	→ I can help you _____ .
6	그녀를 보자마자 그는 아무 말도 할 수 없었다. (as soon as)	→ _____ , he couldn't say anything.
7	그가 그곳에 없어서 나는 메시지를 남겼다. (since)	→ _____ , I left a message.

Zoe와 나는 둘 다 캠프를 갈 계획이다.

Both **Zoe and I** are planning to go camping.

Check❶ 상관접속사는 두 개 이상의 단어가 짝을 이뤄 서로 떨어져 있는 단어, 구, 절을 이어준다.
Check❷ '추가'의 의미를 가진 상관접속사와 '대안'의 의미를 가진 상관접속사가 있다.

| Not only **you** but also **he** | swims very well. | 너뿐만 아니라 그도 수영을 매우 잘 한다. |
| Neither **you** nor **he** | swims very well. | 너도 그도 수영을 매우 잘 하지 않는다. |

상관접속사
→ 상관접속사는 등위접속사처럼 단어와 단어, 구와 구, 절과 절을 **대등하게 연결해** 주는 역할을 한다.

추가의 의미	both A and B: A와 B 둘 다
	not only A but also B (= B as well as A): A뿐만 아니라 B도
대안의 의미	either A or B: A와 B 둘 중 하나
	neither A nor B: A도 B도 아닌

동사는 항상 B와 수 일치 시켜요.

✓ Grammar 비교하며 익히기 ▪ 다음 문장을 보고 알맞은 것을 고르시오.

1
The movie was either / (both) fun and moving.
그 영화는 재미와 감동이 둘 다 있었다.

Either / Both she and I take the class.
그녀와 나는 둘 다 그 수업을 듣는다.

2
I like either / neither meat nor chicken.
나는 고기도 치킨도 좋아하지 않는다.

Either / Neither you or Peter will help me.
너나 Peter 둘 중에 한 명이 나를 도와 줄 것이다.

3
Both / Neither Jake and Anna like the novel.
Jake와 Anna 둘 다 그 소설을 좋아한다.

Both / Neither Jake nor Anna likes the novel.
Jake와 Anna 둘 다 그 소설을 좋아하지 않는다.

4
Either you or / nor Zoe will win the game.
너나 Zoe가 그 게임을 이길 것이다.

Neither you or / nor I know how to do it.
너도 나도 그것을 어떻게 하는지 알지 못한다.

5
Not only you but also he study / studies very hard.
너뿐만 아니라 그도 공부를 매우 열심히 한다.

He as well as you study / studies very hard.
너뿐만 아니라 그도 공부를 매우 열심히 한다.

Sentence 비교하며 써보기

주어진 상관접속사를 활용해 문장을 완성하시오.

1 | **either A or B**
| Either you or I | have to take care of her. | 너 아니면 내가 그녀를 돌봐야 한다. |
| She is now in | . | 그녀는 지금 뉴욕이나 보스턴에 있다. |

2 | **not only A but also B**
| It | . | 그것은 맛이 좋을 뿐만 아니라 보기도 좋다. |
| Joan is | . | Joan은 아름다울 뿐 아니라 똑똑하다. |

3 | **both A and B**
| | my favorite subjects. | 영어와 과학은 둘 다 내가 가장 좋아하는 과목들이다. |
| The movie was | . | 그 영화는 의미 있는 데다가 흥미로웠다. |

4 | **neither A nor B**
| He drinks | . | 그는 커피도 맥주도 마시지 않는다. |
| | vegetables. | 그녀도 나도 야채를 좋아하지 않는다. |

5 | **B as well as A**
| | the new project. | 그녀뿐만 아니라 그도 새 프로젝트에 참여했다(participate in). |
| I like reading books | | 나는 TV를 보는 것뿐 아니라 책 읽는 것도 좋아한다. |

6 | **either A or B**
| I will leave | . | 나는 오늘 밤이나 내일 떠날 것이다. |
| I can see you | . | 나는 지금이나 점심 이후에 너를 볼 수 있다. |

7 | **not only A but also B**
| He is | . | 그는 잘생겼을 뿐만 아니라 친절하다. |
| | the book. | 너뿐만 아니라 그도 그 책을 가지고 있다. |

수행평가 SENTENCE WRITING

■ 주어진 문장과 그 의미가 통하도록 보기에서 알맞은 접속사를 사용해 영어 문장을 쓰고 해석하시오.

① It may be he or she who will come to help me.

　　보기　both A and B / either A or B

영문장 ➡ _____

_____

우리말 ➡ _____

② An elevator is not only fast but also convenient.

　　보기　B as well as A / neither A nor B

영문장 ➡ _____

_____

우리말 ➡ _____

✔ 숙제용으로도 쓸 수 있어요.

Grammar Point 기초 상관접속사 사용

■ 주어진 상관접속사를 활용해 문장을 완성하시오.

both A and B	Both she and I	take the class. 그녀와 나 둘 다
not only A but also B		take the class. 그녀뿐만 아니라 나도
either A or B		may take the class. Zoe나 그녀 둘 중 한 명
neither A nor B		want to take the class. 그녀도 너도 아닌

→ 상관접속사는 두 개 이상의 단어가 짝을 이뤄 서로 떨어져 있는 단어, 구, 절을 이어준다.

Grammar for Writing 문장 쓰기

■ 주어진 상관접속사를 활용해 우리말에 맞게 문장을 완성하시오.

1 Zoe와 나는 둘 다 캠프를 가길 원한다. **both ~ and** → Both Zoe and I want to go camping.

2 나는 베이컨과 달걀 둘 다 먹을 것이다. **both ~ and** → I'm going to have _____ .

3 그는 잘생겼을 뿐만 아니라 친절하다. **not only ~ but also** → He is _____ kind.

4 너뿐만 아니라 그도 그 책을 가지고 있다. **not only ~ but also** → _____ has the book.

5 너뿐만 아니라 그도 야구를 좋아한다. **as well as** → _____ likes baseball.

6 너나 Zoe가 그 게임을 이길 것이다. **either ~ or** → _____ will win the game.

7 나는 오늘 밤 아니면 내일 떠날 것이다. **either ~ or** → I will leave _____ .

8 나는 고기도 치킨도 좋아하지 않는다. **neither ~ nor** → I like _____ .

9 너도 Susan도 그것을 어떻게 하는지 알지 못한다. **neither ~ nor** → _____ how to do it.

10 Jake와 Anna 둘 다 그 소설을 좋아한다. **both ~ and** → _____ the novel.

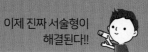
Grammar for 서술형 [기본·심화] 문제 풀기

A 기본 주어진 어구를 알맞게 배열해 우리말에 맞게 문장을 쓰시오.

1	he, I heard, yell, not only ~ but also, outside, someone	→	Not only he but also I heard someone yell outside. 그뿐만 아니라 나도 누군가 밖에서 고함치는 것을 들었다.
2	I, her, either ~ or, take care of, have to, you	→	 너 아니면 내가 그녀를 돌봐야만 한다.
3	neither ~ nor, beer, drinks, he, coffee	→	 그는 커피도 맥주도 마시지 않는다.
4	she, he, participated in, the new project, as well as	→	 그녀뿐만 아니라 그도 새 프로젝트에 참여했다.
5	going to, I, are, go camping, both ~ and, Zoe	→	 Zoe와 나는 둘 다 캠프를 갈 것이다.
6	New York, Boston, in, now, is, she, either ~ or	→	 그녀는 지금 뉴욕이나 보스턴에 있다.

B 심화 주어진 상관접속사를 활용해 우리말에 맞게 문장을 완성하시오.

1	나는 영화를 보는 것뿐 아니라 책 읽는 것도 좋아한다. (as well as)	→ I like	reading books as well as watching movies	.
2	그나 그녀가 나를 도와주러 올 것이다. (either ~ or)	→		to help me.
3	영어와 과학은 둘 다 내가 가장 좋아하는 과목들이다. (both ~ and)	→		subjects.
4	그녀도 나도 야채를 좋아하지 않는다. (neither ~ nor)	→		vegetables.
5	그것은 빨랐을 뿐만 아니라 편리하기까지 했다. (not only ~ but also)	→ It was		.
6	그와 그의 아버지 둘 다 햄버거를 좋아한다. (both ~ and)	→		hamburgers.
7	나는 지금이나 점심 이후에 너를 볼 수 있다. (either ~ or)	→ I can see you		.

Part7에 나오는 문장 정리

1. 나는 회의가 있어서 떠나야 한다.
   (since)

→ _____

_____ , I have to leave.

2. 나는 집에 도착하자마자 너에게
   전화할 것이다. (as soon as)

→ _____

_____ , I will call you.

3. 그녀는 부유하지만, 매우 열심
   히 일한다. (although)

→ _____ ,

she works very hard.

4. 그 영화는 재미와 감동이 둘 다
   있었다. (both ~ and)

→ The movie was _____

_____

5. 나는 오늘 밤 아니면 내일 떠날
   것이다. (either ~ or)

→ I will leave _____

_____

6. 그것은 빨랐을 뿐만 아니라
   편리하기까지 했다.
   (not only ~ but also)

→ It was _____

_____ .

7. 너뿐만 아니라 그도 야구를
   좋아한다. (as well as)

→ He _____

_____ .

1. 부사절 접속사

────── 문장 ① ────── ────── 문장 ② ──────
As I didn't feel good, I used a sick day. 나는 몸이 좋지 않아서 병가를 냈다.
접속사

부사절 접속사는 완전한 문장 두 개를 연결하며, 시간, 이유, 목적, 조건, 양보의 의미를 나타낸다.

시간	when, while, as soon as, until, as, since, after	조건	if, unless (= if ~ not)
이유/목적	because, so that, as, since	양보/대조	although, even though, though, whereas

✓ 시간과 조건의 부사절에서는 부사절이 미래를 나타내더라도 현재 시제를 사용한다.
  ex) I will wait **until** you ~~will~~ arrive .

문제로 **정리**

① I work out so that / after I can get healthy.   나는 건강해질 수 있게 운동을 한다.

② If it will snow / snows , I will make a snowman.   눈이 온다면, 나는 눈사람을 만들 것이다.

2. 상관접속사

상관접속사는 단어와 단어, 구와 구, 절과 절을 대등하게 연결해 주는 역할을 한다.

＊ both A and B는 항상 복수 취급하지만, 나머지 상관접속사에서 동사는 항상 B와 수 일치 시킨다.

both A and B (A와 B 둘 다)	**Both she and I** take the class. 그녀와 나 둘 다 그 수업을 듣는다.
not only A but also B = B as well as A (A뿐만 아니라 B도)	**Not only she but also I** take the class. 그녀뿐만 아니라 나도 그 수업을 듣는다.
either A or B (A와 B둘 중 하나)	**Either Zoe or she** may take the class. Zoe와 그녀 둘 중 한 명이 그 수업을 들을지도 모른다.
neither A nor B (A도 B도 아닌)	**Neither she nor you** want to take the class. 그녀도 너도 그 수업을 듣기를 원하지 않는다.

문제로 **정리**

③ He as well as / either you swims very well.   너뿐만 아니라 그도 수영을 매우 잘 한다.

④ Neither she nor / or I like vegetables.   그녀도 나도 야채를 좋아하지 않는다.

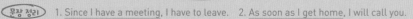

문제로 정리 ① so that ② snows ③ as well as ④ nor

문장 정리 1. <u>Since I have a meeting</u>, I have to leave.   2. <u>As soon as I get home</u>, I will call you.
3. <u>Although she is rich</u>, she works very hard.   4. The movie was <u>both fun and moving</u>.
5. I will leave <u>either tonight or tomorrow</u>.   6. It was <u>not only fast but also convenient</u>.
7. He <u>as well as you likes baseball</u>.

PART 8
관계사

구성과 교과서 연계

Unit 1	관계대명사 I	두산(김) 2과, 천재(김) 10과, 미래엔(배) 6과
Unit 2	관계대명사 II	두산(김) 1과, 천재(김) 7과, 비상(이) 8과
Unit 3	관계부사	두산(김) 4과, 천재(이) 2과, 미래엔(배) 7과
문법 마무리		

✅ 중학 문법이 쓰기다 연계

나는 너와 춤췄던 그 소녀를 안다.

I know the girl | who danced with you. ❶

Check❶ 관계대명사는 선행사를 수식하는 절을 이끄는데, 선행사가 사람인지 사물인지에 따라 다른 관계대명사를 사용한다.

Check❷ 사람이 선행사일 때 주격 **who**, 목적격 **who(m)**, 소유격 **whose** 관계대명사를 사용하고, 사물이 선행사일 때는 주격/목적격 **which**, 소유격 **whose**(**of which**)를 사용한다.

사람을 선행사로 갖는 목적격 관계대명사

| I know the man | who(m) ❷ | Zoe met. | 나는 Zoe가 만났던 남자를 안다. |
| I know the car | which | Zoe fixed. | 나는 Zoe가 고친 차를 안다. |

사물을 선행사로 갖는 목적격 관계대명사

한정적 용법 vs. 계속적 용법

→ 한정적 용법은 **선행사를 수식**하지만 계속적 용법은 선행사에 대한 **추가적인 설명**을 할 때 사용하므로 문장 맨 앞부터 차례로 해석하면 자연스럽다.

✔ 관계대명사의 한정적 용법과 계속적 용법의 쓰임에 대해 알아보자.

| 한정적 용법 | She has two cousins **who** live in London.
그녀는 런던에 살고 있는 두 명의 사촌들이 있다. 런던이 아닌 다른 곳에 사는 사촌들도 있을 가능성을 내포하고 있어요. |
| 계속적 용법 | She has two cousins, **who**(= and they) live in London.
그녀는 두 명의 사촌들이 있는데, 그들은 런던에 산다. |

✅ Grammar 비교하며 익히기 ▪ 다음 문장을 보고 알맞은 관계대명사를 고르시오.

1 나는 옆집에 사는 그 남자를 안다.

I know the man (who) / which lives next door.

나는 고장 났던 차를 고쳤다.

I fixed the car who / which had broken down.

2 나는 (그의) 차를 도난당한 남자를 안다.

I know the man who / whose car is stolen.

나는 (그 차의) 지붕이 빨간 그 차를 세차했다.

I washed the car which / whose roof is red.

3 나는 네가 아는 그 소녀를 좋아한다.

I like the girl who(m) / whose you know.

그는 아무도 잡을 수 없는 공을 던졌다.

He threw a ball who(m) / which no one could catch.

4 나는 그도 좋아하는 그 소녀를 좋아한다.

I like the girl who(m) / whose he also likes.

나는 (그 소년의) 자전거를 도난당한 한 소년을 도왔다.

I helped a boy who(m) / whose bike was stolen.

5 나는 그와 친한데, 그는 가수이다.

I am close to him, who / whose is a singer.

그 책을 내가 어제 읽었는데, 그것은 재밌었다.

The book, whose / which I read yesterday, was fun.

Sentence 비교하며 써보기

주어진 두 문장을 보고 알맞은 관계대명사를 사용해 한 문장으로 바꿔 쓰시오.

1 We will take the train. ⊕ The train leaves in an hour.

→ We will take the train which leaves in an hour.

우리는 한 시간 내에 떠나는 기차를 탈 것이다.

2 I met a girl. ⊕ The girl's father was a famous actor.

→

나는 (그녀의) 아버지가 유명한 배우였던 소녀를 만났다.

3 Joan works for a company. ⊕ The company makes furniture.

→

Joan은 가구를 만드는 회사에서 일한다.

4 I helped a woman. ⊕ The woman's car broke down.

→

나는 (그녀의) 차가 고장 난 여자를 도왔다.

5 I know a woman. ⊕ The woman complains about everything.

→

나는 모든 것에 대해 불평하는 여자를 안다.

6 I like my friend. ⊕ My friend knows how to save money.

→

나는 내 친구를 좋아하는데, 그는 돈을 절약하는 방법을 안다.

7 Our car was stolen. ⊕ Our car was found by the police officer.

→

우리 차는 도난 당했는데, 그것은 그 경찰관에 의해 발견되었다.

수행평가 SENTENCE WRITING

■ 주어진 두 문장을 한 문장으로 바꿔 쓰시오.

조건 관계대명사 계속적 용법 사용할 것

① I read an article.
⊕
The article was based on prejudice.

→ _____

나는 기사를 읽었는데, 그것은 편견에 근거했다.

② The cafe serves the best coffee in town.
⊕
The cafe has recently been closed.

→ _____

그 카페는 동네에서 최고의 커피를 파는 곳인데, 그곳은 최근에 문을 닫았다.

Grammar Point 기초 관계대명사의 쓰임

■ 주어진 두 문장을 관계대명사를 사용해 한 문장으로 바꿔 쓰시오.

I know the girl. ⊕ The girl is singing over there.	나는 저기에서 노래하고 있는 소녀를 안다.
→ I know the girl _____ .	
Physics is the subject. ⊕ I hate Physics the most.	물리는 내가 가장 싫어하는 과목이다.
→ Physics is the subject _____ .	

→ 관계대명사는 두 문장을 연결해 주는 역할을 한다. 사람이 선행사일 때는 who(m), whose를 사용하고, 사물이 선행사일 때는 which나 whose(of which)를 사용할 수 있다.

Grammar for Writing 문장 쓰기

■ 주어진 단어를 활용해 우리말에 맞게 문장을 완성하시오.

1 나는 혼자 사는 소년을 발견했다.   **live** → I found a boy   who lives alone   .

2 나는 부상당한 소년을 발견했다.   **injure** → I found a boy _____ .

3 나는 네가 아는 그 소녀를 좋아한다.   **know** → I like the girl _____ .

4 나는 그도 좋아하는 그 소녀를 좋아한다.   **also** → I like the girl _____ .

5 나는 그 노래를 부른 그와 친하다.   **sing** → I am close to him _____ .

6 나는 그 경주에서 우승한 그와 친하다.   **win, race** → I am close to him _____ .

7 그는 우리에게 새로운 단어들을 썼다.   **new** → He wrote words _____ .

8 나는 (소설의) 작가가 알려지지 않은 소설을 읽었다.   **unknown** → I read a novel _____ .

9 그는 아무도 잡을 수 없는 공을 던졌다.   **no one** → He threw a ball _____ .

10 그 책을 나는 어제 읽었는데, 그것은 재밌었다.   **read** → The book, _____ , was fun.

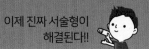

Grammar for 서술형 기본·심화 문제 풀기

A 기본 어법상 틀린 부분을 바르게 고쳐 쓰시오.

1 We will take the train ~~who~~ leaves in an hour.
우리는 한 시간 내에 떠나는 기차를 탈 것이다.

→ We will take the train <u>which</u> leaves in an hour.

2 He is a singer who song became very popular.
그는 (그의) 노래가 매우 유명해진 가수이다.

→

3 You are the one which ate my sandwich.
네가 내 샌드위치를 먹은 사람이구나.

→

4 I helped a woman whom car broke down.
나는 (그녀의) 차가 고장 난 여자를 도왔다.

→

5 I like my friend, whose knows how to save money.
나는 내 친구를 좋아하는데, 그는 돈을 절약하는 방법을 안다.

→

B 심화 주어진 단어를 활용해 관계대명사가 있는 문장을 완성하시오.

1 그 소년은 (그의) 이름을 내가 잊어버렸는데, 그는 나의 이웃이다. (forget)

→ The boy, whose name I have forgotten , is my neighbor.

2 우리 차는 도난당했는데, 그것은 경찰에게 발견되었다. (steal)

→ Our car, , was found by the police.

3 나는 나를 사랑하는 누군가와 결혼하고 싶다. (love)

→ I want to marry .

4 그는 5월에 개최된 대회에서 우승했다. (be held)

→ He won the competition .

5 네가 기다리고 있던 관광객이 막 도착했다. (visitors)

→ for have just arrived.

6 우리를 담당한 여종업원은 불친절하고 참을성이 없었다. (waitress, serve)

→ was impolite and impatient.

7 나는 모든 것에 대해 불평하는 여자를 안다. (complain)

→ about everything.

8 나는 Smith 씨를 좋아하는데, 그녀는 내 과학 선생님이다. (science)

→ I like Ms. Smith, .

문법이 쓰기다 서술형

우리는 네가 주문한 모든 것을 보냈다.

We have sent | everything *that* | you ordered.

Check❶ 관계대명사 **that**은 항상 앞에 선행사가 있고, 관계대명사 **what**은 그 자체가 선행사를 포함하고 있다.
Check❷ **that**은 주격, 목적격 관계대명사인 **who, which** 대신 사용할 수 있고, 선행사에 **all, every, any, no** 등이 있을 때 사용할 수 있다.

○ = the thing(s) that(which)

| I have sent | *what* | you ordered. | 나는 당신이 주문한 것을 보냈다. |

| I have sent | all the information | *that* | I have. | 나는 내가 가지고 있는 모든 정보를 보냈다. |

관계대명사 that, what 좀 더 알아보기

→ 관계대명사 **that**은 항상 앞에 선행사가 있고, 관계대명사 **what**은 선행사를 포함하고 있다.

that	• 관계대명사 that을 사용하는 경우: ① 선행사가 최상급일 때 ② 선행사에 the only, the same, -thing, -body, all, every, any, no가 있는 경우 • 계속적 용법에 사용할 수 없다. 이때 관계대명사 who, which를 사용한다. • 항상 선행사가 있다.
what	• 문장에서 주어, 목적어, 보어 역할의 명사절을 이끈다. • the thing(s) that(which)으로 바꾸어 쓸 수 있다. • 항상 선행사가 없다.

* 관계대명사 that, what은 주격이나 목적격으로만 쓰인다.

💬 Grammar 비교하며 익히기 ▪ 다음 문장을 보고 알맞은 관계대명사를 고르시오.

1 그가 갖고 있는 정보는 보통 사실이다.

Information (that)/ what he has is usually true.

그가 아는 것은 보통 사실이다.

That / What he knows is usually true.

2 이것은 내가 어제 산 가방이다.

This is the bag that / what I bought yesterday.

이것은 내가 어제 산 것이다.

This is that / what I bought yesterday.

3 나는 내가 즐겨 먹는 생선을 주문했다.

I ordered the fish that / what I enjoy eating.

나는 내가 즐겨 먹는 것을 주문했다.

I ordered that / what I enjoy eating.

4 나는 그녀를 행복하게 하는 어떤 것이든 좋아한다.

I like anything that / what makes her happy.

나는 그녀를 행복하게 하는 것을 좋아한다.

I like that / what makes her happy.

5 나는 자전거를 샀는데, 그것은 너의 것과 똑같다.

I bought a bike, that / which is the same as yours.

나는 내 친구를 만났는데, 그녀는 간호사이다.

I met my friend, that / who is a nurse.

Sentence 비교하며 써보기

관계대명사 what이나 that을 사용해 우리말에 맞게 문장을 완성하시오.

1

그는 우리 모두가 존경하는 의사이다.

He is the doctor [that we all respect] .

나는 약속된 것을 보낼 것이다.

I will [   ] was promised.

2

이것은 내가 지금껏 봤던 최고의 차이다.

This is the best car [   ] .

이것이 우리가 오늘 토론할 것이다.

This is [   ] .

3

빛나는(glitter) 모든 것이 금은 아니다.

All [   ] .

우리가 알고 있는 것은 빙산의 일각이다.

[   ] is a tip of an iceberg.

4

나는 자전거를 샀는데, 그것은 비쌌다. * which / that 중 하나를 사용할 것

I bought a bike, [   ] .

나는 네가 읽고 싶어 했던 것을 샀다.

I bought [   ] .

5

나는 그들의 부모를 잃은 모두를 돕고 싶다.

I want to help everybody [   ] .

나는 네가 말한 것을 들을 수 없었다.

I couldn't hear [   ] .

6

이것은 내가 찾고 있었던 그 책이다.

This is the book [   ] .

나는 그녀가 제안한 것을 하고 싶지 않다.

I don't want to do [   ] .

7

그녀는 나를 행복하게 만드는 유일한 사람이다.

She is the only person [   ] .

저 치마는 내가 이번 여름에 사고 싶어하는 것이다.

That skirt is [   ] this summer.

수행평가 SENTENCE WRITING

■ 밑줄 친 부분 중, 어법상 틀린 두 부분을 찾아 바르게 고쳐 쓰시오.

I went to ① see Dr. Brown, ② that examined me for skin cancer.
He gave me a list of things ③ what I need ④ to be concerned
about.

( ) _____ → _____   ( ) _____ → _____

✔ 숙제용으로도 쓸 수 있어요.

Grammar Point 기초 관계대명사 that, what의 사용과 계속적 용법

▪ 다음 문장을 보고 알맞은 관계대명사를 쓰거나, 고르시오.

that / what	We can give you everything	that	you need.
	We can give all the information		you need.
	We can give you		you need.
계속적 용법	My car,	which / that	is red, goes fast.

→ 관계대명사 that은 그 앞에 항상 선행사가 있고, 관계대명사 what은 그 자체가 선행사를 포함하고 있다.

Grammar for Writing 문장 쓰기

▪ 주어진 관계대명사 중 하나를 골라 우리말에 맞게 문장을 완성하시오.

1 의사는 아픈 사람을 치료하는 사람이다. (that)/ what → A doctor is a person that | treats ill people.

2 그녀가 말한 것이 나를 울게 만들었다. that / what → | made me cry.

3 그는 잃어버렸던 열쇠들을 찾았다. that / what → | he had lost.

4 네가 알고 싶은 모든 것을 내게 물어봐라. that / what → Ask me everything | .

5 내 차는 빨간색이고 빨리 간다. which / that → My car, | , goes fast.

6 나는 내가 본 것을 경찰에게 말했다. that / what → I told the police | .

7 이것은 내가 말하기로 했던 것이다. that / what → This is | .

8 나는 네가 읽고 싶어 했던 것을 샀다. that / what → I bought | .

9 이것이 내가 가지고 있는 모든 정보이다. that / what → This is all the information | .

10 우리는 네가 필요한 것을 너에게 줄 수 없다. that / what → We can't give you | .

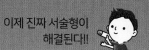

Grammar for 서술형 [기본·심화] 문제 풀기

A 기본 주어진 어구를 알맞게 배열해 우리말에 맞게 문장을 완성하시오.

1	which, lend, my, laptop, this, will, you, is, I	→	This is my laptop, which I will lend you.

이것이 내 노트북이고, 나는 네게 빌려줄 거야.

2	book, which, is, a bestseller, I, this, wrote, now	→	

나는 이 책을 썼고, 그것은 지금 베스트셀러이다.

3	that, want, win, the competition, all athletes, we, know, to	→	

우리가 아는 모든 운동선수들은 그 대회에서 우승하고 싶어한다.

4	gold, is, all, glitters, not, that	→	

빛나는 모든 것이 금은 아니다.

5	what, said, you, couldn't, understand, I	→	

나는 네가 말한 것을 이해할 수 없었다.

B 심화 주어진 단어를 활용해 우리말에 맞게 문장을 완성하시오.

1	이 사람은 Joan인데, 나와 수학 수업을 듣는다. (take)	→ This is Joan,	who takes the math class with me	.

2	나는 그녀가 제안한 것을 하고 싶지 않았다. (suggest)	→ I didn't want to do		.

3	이것이 내가 찾고 있었던 것이다. (look for)	→ This is		.

4	너는 내가 즐겨 먹는 것을 주문했다. (enjoy)	→ You ordered		.

5	나는 네가 가지고 있는 휴대전화를 사고 싶다. (cellphone)	→ I want to buy		.

6	나의 아버지가 산 것은 비싸다. (buy)	→		is expensive.

7	나는 그녀를 행복하게 만드는 것을 좋아한다. (make)	→ I like		.

8	나는 그녀를 행복하게 하는 어떤 것이든 좋아한다. (make)	→ I like anything		.

나는 내가 자란 그 마을로 갔다.

I went to the town ❶ where I grew up.

= in which

Check ❶ 관계부사는 **접속사**와 **부사**의 역할을 동시에 한다.
Check ❷ 선행사가 장소를 나타낼 때는 **where**, 시간은 **when**, 이유는 **why**, 방법은 **how**를 사용한다.

I remember	❷ the day	when (= on which)	we first met.	나는 우리가 처음 만난 그 날을 기억한다.
There is	a reason	why (= for which)	I can't go.	내가 갈 수 없는 이유가 있다.
I don't know		how (= in which)	it works.	나는 그것이 어떻게 작동하는지 모른다.

↳ 관계부사 how 대신 the way를 사용할 수 있지만, the way how처럼 함께는 사용할 수 없어요.

관계부사 더 알아보기

→ 관계부사를 [전치사 +which]로 바꿔 쓸 때 어떤 전치사를 사용하는지와 선행사의 생략에 대해 알아보자.

관계부사 = 전치사 + which	where = at/in/on/to which when = at/in/on which why = for which how = in which * 단, [전치사 + 관계대명사 that]은 불가능하다.
선행사의 생략	**선행사가 time, place, reason** 등과 같이 **일반적인 날짜, 시간, 장소, 이유를 나타낼 때** 선행사를 **생략**할 수 있다.

* **관계부사의 계속적 용법**: [선행사, 관계부사절]의 형태로 관계부사 when과 where는 계속적 용법이 가능하다. 계속적 용법의 관계부사는 [접속사 + 부사]로 바꿀 수 있다.

💬 Grammar 비교하며 익히기 ■ 주어진 단어를 활용해 우리말에 맞게 문장을 완성하시오.

1 where

I know [a shop where] you can buy it.
나는 네가 그것을 살 수 있는 상점을 안다.

I know _____ we can go.
나는 우리가 갈 수 있는 좋은 장소를 안다.

2 when

I miss _____ we met each other.
나는 우리가 서로 만났던 그날이 그립다.

I was in the park _____ it began to rain.
나는 정오에 공원에 있었고, 그때 비가 내리기 시작했다.

3 how

I need to figure out _____ .
나는 그것이 어떻게 작동하는지 알아내야 한다.

That is _____ .
그것이 그가 나를 대하는 방법이다.

4 why

I wasn't sure _____ .
나는 그들이 왜 여기 있었는지 확신이 없었다.

This is the reason _____ .
이것이 내가 화가 난 이유(get upset)이다.

5 where

This is _____ I was born.
이곳은 내가 태어난 도시이다.

I lived in _____ the company was located.
나는 부산에 살았는데, 그곳에는 그 회사가 위치해 있었다.

Sentence 비교하며 써보기

✐ 다음 문장을 우리말에 맞게 완성하고, 관계부사 문장으로 고쳐 쓰시오.
*선행사가 있는 문장으로 쓸 것

1 Tell me the way in [which you study] . ·· 네가 공부하는 법을 내게 말해줘.

→ Tell me how you study.

2 [   ] which you hung out with us. ·· 우리는 네가 우리와 어울렸던 날들을 그리워할 것이다.

→ [   ]

3 Now [   ] which I don't like spiders. ·· 이제 너는 내가 거미를 안 좋아하는 이유를 안다.

→ [   ]

4 [   ] which I was born. ·· 이곳은 내가 태어난 도시이다.

→ [   ]

5 The police officer told me the reason [   ] . ·· 그 경찰관이 그것이 발생한 이유를 나에게 말했다.

→ [   ]

6 I visited John at noon, but [   ] . ·· 나는 정오에 John을 방문했지만, 그때 그는 집에 없었다.

→ [   ]

7 [   ] and there she got ice cream. ·· 그녀는 공원에 종종 갔는데, 거기서 그녀는 아이스크림을 샀다.

→ [   ]

수행평가 SENTENCE WRITING

■ 다음 대화를 읽고 관계부사를 사용해 문장을 완성하시오.

A: I need to run an errand for my mom. I'm looking for a grocery store
① _____ (내가 ~을 살 수 있는) fresh vegetables.

B: There is an organic supermarket across the street.

A: It's been closed down for a few weeks. I don't know the reason
② _____ (그것이 닫혀 있는) until now.

✓ 숙제용으로도 쓸 수 있어요.

Grammar Point 기초 관계부사의 쓰임

■ 관계부사 where, why, when, how 중 알맞은 것을 사용해 문장을 완성하시오.

I know a shop where you can buy it.	나는 네가 그것을 살 수 있는 상점을 안다.	→ 관계부사는 접속사와 부사의 역할을 동시에 한다. 선행사가 장소를 나타낼 때 where, 시간은 when, 이유는 why, 방법은 how(=the way)를 사용한다.
I remember the day _____ we first met.	나는 우리가 처음 만난 그 날을 기억한다.	
This is the reason _____ I visit this place.	이것은 내가 이 장소를 방문하는 이유이다.	
I don't know _____ this computer works.	나는 이 컴퓨터가 어떻게 작동하는지 모른다.	

Grammar for Writing 문장 쓰기

■ 주어진 단어 중 하나를 활용해 우리말에 맞게 문장을 완성하시오.

1 그것이 어떻게 작동하는지 알아내야 한다. which / (how) → I need to figure out   how it works   .

2 이것이 내가 화난 이유다.
(get, upset)   where / why → This is the reason _____ .

3 이곳은 내가 태어난 도시이다.   which / where → This is the city in _____ .

4 나는 정오에 John을 방문했지만,
그때 그는 집에 없었다.   which / when → I visited John at noon, _____ .

5 나는 네가 그것을 살 수 있는 상점을 안다. which / where → I know the store at _____ .

6 나는 그가 태어난 마을을 방문했다.   when / where → I visited the town _____ .

7 나는 우리 갈 수 있는 좋은 장소를 안다. which / where → I know a nice place to _____ .

8 나는 우리가 서로 만났던 그 날을
그리워한다.   how / when → I miss the day _____ .

9 내가 갈 수 없는 이유가 있다.   which / why → There is a reason for _____ .

10 나는 그것이 작동하는 방법을 모른다.
(operate)   which / how → I don't know the way in _____ .

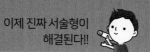

Grammar for 서술형 기본·심화 문제 풀기

A 기본 주어진 어구를 알맞게 배열해 우리말에 맞게 문장을 쓰시오.

1	told, the police officer, me, why, the reason, happened, it	→ The police officer told me the reason why it happened. 그 경찰관이 그것이 발생한 이유를 나에게 말했다.
2	this is, which, born, the city, was, I, in	→ [ ] 이곳은 내가 태어난 도시이다.
3	know, where, stay, we, can, I, a place	→ [ ] 나는 우리가 머물 수 있는 장소를 안다.
4	him, I, when, visited, he, at noon, home, wasn't	→ [ ] 나는 정오에 그를 방문했지만, 그때 그는 집에 없었다.
5	I, come back, on, the day, which, told, will, her, he	→ [ ] 나는 그녀에게 그가 돌아올 날을 말했다.
6	this, solved, it, the way, he, is	→ [ ] 이것은 그가 그것을 해결한 방법이다.

B 심화 주어진 단어를 활용해 우리말에 맞게 문장을 완성하시오.

1	우리는 그것이 어떻게 작동하는지 알아내야 한다. (work)	→ We need to figure out how it works .
2	나는 지하철역에 어떻게 갈 수 있는지 그에게 말했다. (tell)	→ [ ] to the subway station.
3	이제 너는 내가 거미를 안 좋아하는 이유를 안다. (like)	→ Now you know the reason [ ].
4	네가 어떻게 공부하는지 내게 말해줘. (study)	→ Tell me [ ].
5	그녀는 부산에 살았는데, 그곳에는 그 회사가 위치해 있었다. (be located)	→ She lived in Busan, [ ].
6	그녀는 그 공원에 종종 갔는데, 거기서 그녀는 아이스크림을 샀다. (get)	→ She often went to the park, [ ].
7	지금은 모두가 착석해야 할 시간이다. (be seated)	→ Now is the time [ ].

교과서 **문법 마무리** 　개념 정리 ➕ 문장 정리 ➕ 문제 유형

1. 나는 혼자 사는 소년을 발견했다. (who)

→ I found a boy _____

_____.

2. 우리는 한 시간 내에 떠나는 기차를 탈 것이다. (which)

→ _____

_____ in an hour.

3. 우리 차는 도난당했는데, 그것은 경찰에게 발견되었다. (which)

→ _____,

was found by the police.

4. 우리는 네가 필요로 하는 모든 정보를 너에게 줄 수 있다. (all the information, that)

→ _____

_____.

5. 나는 그것이 어떻게 작동하는지 알아내야 한다. (how)

→ I need to figure out _____

_____.

6. 나는 부산에 살았는데, 그곳에는 그 회사가 위치해 있었다. (where)

→ I lived in Busan, _____

_____.

7. 나는 우리가 처음 만난 그 날을 기억한다. (when)

→ I remember the day _____

1. 관계대명사

1) 선행사에 따른 관계대명사

격 선행사	주격	소유격	목적격
사람	who	whose	who(m)
사물·동물	which	whose, of which	which
사람·사물·동물	that	–	that
사물(선행사 포함)	what	–	what

2) 계속적 용법

관계대명사의 계속적 용법은 선행사에 대해 추가 설명을 할 때 사용한다.

She knows my brother Dan, who(=and he) lives in London.

↳ [접속사+대명사]로 바꿔 쓸 수 있어요.

3) 유의해야 할 관계대명사 (**that vs. what**)

that	• 관계대명사 that을 사용하는 경우: 선행사가 최상급이거나, 선행사에 the only, the same, -thing, -body, all, every, any, no가 있는 경우 • 계속적 용법에 사용할 수 없다. 이때 관계대명사 who, which를 사용한다. • 항상 선행사가 있다.
what	• 문장에서 주어, 목적어, 보어 역할의 명사절을 이끈다. • the thing(s) that(which)로 바꾸어 쓸 수 있다. • 항상 선행사가 없다. (선행사를 이미 포함하고 있다.)

문제로 정리

① I helped a boy ▢ who(m) / whose ▢ bike was stolen.　나는 (그의) 자전거를 도난당한 한 소년을 도왔다.

② I ordered ▢ that / what ▢ I enjoy eating.　나는 내가 즐겨 먹는 것을 주문했다.

2. 관계부사

1) 선행사에 따른 관계부사

선행사	장소	시간	이유	방법
관계부사	where	when	why	how

2) 선행사의 생략

• 선행사가 일반적인 날짜(day), 시간(time), 장소(place), 이유(reason)를 나타낼 때 선행사를 생략할 수 있다.
• 관계부사 how 대신 the way를 사용할 수 있지만 the way how처럼 함께는 사용할 수 없다.

문제로 정리

③ I know a shop ▢ where / which ▢ you can buy it.　나는 네가 그것을 살 수 있는 상점을 안다.

④ This is the reason ▢ how / why ▢ I visit this place.　이것이 내가 이 장소를 방문하는 이유이다.

 문제로 정리 ① whose ② what ③ where ④ why

 문장 정리 　1. I found a boy who lives alone.　2. We will take the train which leaves in an hour. 3. Our car, which was stolen, was found by the police.　4. We can give you all the information that you need.　5. I need to figure out how it works.　6. I lived in Busan, where the company was located.　7. I remember the day when we first met.

서술형, 수행 평가를 위한 조언

시제에 따른 가정법의 의미와 형태를 파악하고, 구분하여 내용을 정확히 쓸 수 있어야 한다. 또한 다양한 비교급과 최상급 표현을 익혀 막힘없이 문장을 쓸 수 있도록 연습해야 한다.

서술형 수행평가 완벽 대비

PART 9
가정법·비교구문

구성과 교과서 연계

Unit 1 가정법	두산(김) 10과, 천재(김) 8과, 미래엔(배) 10과
Unit 2 비교구문	두산(이) 7과, 천재(김) 8과, 미래엔(배) 1과
문법 마무리	

✅ 중학 문법이 쓰기다 연계

1학년	2학년	3학년
비교급	가정법	가정법
Part 8 형용사·부사	Part 9 접속사와 가정법	Part 9 가정법·비교구문

내가 그녀라면, 나는 그를 도와줄 텐데.

If I were **her, I** would help **him.**

↳ [if + 주어 + 동사 과거~, 주어 + 조동사 과거 + 동사원형]

Check❶ 가정법 과거는 미래에 일어나지 않을 법한 이야기나 현실과 반대되는 가정을 할 때 사용한다.
가정법 과거에서 **be**동사는 주어의 수와 인칭에 상관없이 **were**를 쓴다.

Check❷ 가정법 과거완료는 과거 사실과 반대되는 가정을 할 때 사용한다.

| If **I** saw **her,** | **I** | would tell | **you.** |
| If **I** had seen **her,** | **I** | would have told | **you.** |

내가 그녀를 보면, 나는 너에게 말할 텐데.

내가 그녀를 보았더라면, 나는 너에게 말했을 텐데.

↳ [if + 주어 + had + 과거분사~, 주어 + 조동사 과거 + have + 과거분사]

I wish 가정법
→ 과거, 현재, 미래에 **실현 불가능**하거나, **이루기 힘든 소망**을 표현할 때 사용한다.

✓ **if** 가정법 외에 **I wish** 가정법에 대해 알아보자.

| 가정법 과거 | I'm sorry that you can't come to the party.
= I **wish** you **could come** to the party. 네가 파티에 올 수 있다면 좋을 텐데. |
| 가정법 과거완료 | I regret that I didn't listen to his advice.
= I **wish** I **had listened** to his advice. 내가 그의 조언을 들었다면 좋았을 텐데. |

Grammar 비교하며 익히기 ▪ 주어진 단어를 활용해 우리말에 맞게 문장을 완성하시오.

1 visit

If I had time, I would ⟨ visit ⟩ you.
내가 시간이 있다면, 나는 너를 방문할 텐데.

If I had had time, I would ⟨　⟩ you.
내가 시간이 있었다면, 나는 너를 방문했을 텐데.

2 go

If I had time, I would ⟨　⟩ to the party.
내가 시간이 있다면, 나는 그 파티에 갈 텐데.

If I had had time, I would ⟨　⟩ to the party.
내가 시간이 있었다면, 나는 그 파티에 갔었을 텐데.

3 see

If you lived closer, I could ⟨　⟩ you more often.
네가 더 가까이 살면, 나는 너를 더 자주 볼 수 있을 텐데.

If you had lived closer, I could ⟨　⟩ you more often.
네가 더 가까이 살았다면, 나는 너를 더 자주 볼 수 있었을 텐데.

4 be

If you lived closer, we might ⟨　⟩ best friends.
네가 더 가까이 살면, 우리는 가장 친한 친구일지도 모를 텐데.

If you had lived closer, we might ⟨　⟩ best friends.
네가 더 가까이 살았다면, 우리는 가장 친한 친구였을지도 모를 텐데.

5 take

I wish I could ⟨　⟩ a trip with you.
내가 너와 함께 여행을 갈 수 있다면 좋을 텐데.

I wish I could ⟨　⟩ a trip with you.
내가 너와 함께 여행을 갈 수 있었다면 좋았을 텐데.

Sentence 비교하며 써보기

🖋 주어진 단어를 활용해 우리말에 맞게 문장을 완성하시오.

1

have / travel

If I [had] enough money, I [would travel to Africa].
내게 충분한 돈이 있다면, 나는 아프리카로 여행 갈 텐데.

If I [ ] enough money, I [ ].
내게 충분한 돈이 있었다면, 나는 아프리카로 여행 갔을 텐데.

2

be / help

If I [ ] busy, I [ ].
내가 바쁘지 않으면, 나는 그를 도울 수 있을 텐데.

If I [ ] busy, I [ ].
내가 바쁘지 않았더라면, 나는 그를 도울 수 있었을 텐데.

3

have / live

If I [ ] the choice, I [ ].
내게 선택의 여지가 있다면, 나는 도시에서 살 텐데.

If I [ ] the choice, I [ ].
내게 선택의 여지가 있었다면, 나는 도시에서 살았을 텐데.

4

live / be

If you [ ] here, we [ ].
네가 여기 살지 않는다면, 우리는 친구가 될 수 없을 텐데.

If you [ ] here, we [ ].
네가 여기 살지 않았더라면, 우리는 친구가 될 수 없었을 텐데.

5

wish / be

I [ ] with us.
네가 우리와 함께 여기에 있다면 좋을 텐데.

I [ ] with us.
네가 우리와 함께 그곳에 있었다면 좋았을 텐데.

수행평가 SENTENCE WRITING

■ 주어진 문장을 그 의미가 통하도록 조건에 맞게 바꿔 쓰시오.

조건 I wish 가정법 사용할 것

① I'm sorry I cannot stay longer.
내가 더 오래 머무르지 못해서 미안해.

→ _____

_____
내가 더 오래 머무를 수 있다면 좋을 텐데.

조건 if 가정법 사용할 것

② As we brought a map, we didn't get lost.
우리가 지도를 가져왔기 때문에, 우리는 길을 잃지 않았다.

→ _____

_____
우리가 지도를 가져오지 않았더라면, 우리는 길을 잃었을지도 모를 텐데.

Grammar Point 기초 가정법 과거 vs. 가정법 과거완료

■ 주어진 문장을 보고, 우리말에 맞게 문장을 완성하시오.

가정법 과거	As I'm sick, I can't go hiking with them.
	→ If I ⬚ , I ⬚ with them.
	내가 아프지 않다면, 나는 그들과 함께 등산 갈 수 있을 텐데.
가정법 과거완료	As I didn't listen to her, I made this mistake.
	→ If I ⬚ to her, I ⬚ this mistake.
	내가 그녀 말을 들었다면, 나는 이 실수를 하지 않았을 텐데.

→ If 가정법 과거는 현재 사실과 반대되는 가정을 할 때 사용하고, If 가정법 과거완료는 과거 사실과 반대되는 가정을 말할 때 사용한다.

Grammar for Writing 문장 쓰기

■ 주어진 단어를 활용해 우리말에 맞게 문장을 완성하시오.

1 내가 새라면, 나는 너에게 날아갈 수 있을 텐데. **be** → If I ⟨ were a bird ⟩ , I could fly to you.

2 내가 차가 있다면, 나는 너에게 그것을 빌려줄 텐데. **lend** → If I had a car, I ⬚ it to you.

3 네가 그 파티에 올 수 있다면 좋을 텐데. **come** → I wish you ⬚ to the party.

4 내가 그를 봤다면, 나는 그에게 물어볼 수 있었을 텐데. **see** → If I ⬚ , I could have asked him.

5 그가 떠났다면, 나는 외로웠을지도 모를 텐데. **feel** → If he had left, I ⬚ lonely.

6 내가 그의 조언을 들었다면 좋았을 텐데. **listen** → I wish I ⬚ to his advice.

7 너를 만날 수 있었다면 좋았을 텐데. **meet** → I wish I ⬚ you.

8 내가 그녀라면, 그를 도와줄 텐데. **be** → If I ⬚ , I would help him.

9 내가 그녀에 대해 모든 것을 알면 좋을 텐데. **know** → I wish I ⬚ about her.

10 내가 너와 함께 여행을 갈 수 있었다면 좋았을 텐데. **take** → I wish I ⬚ a trip with you.

Grammar for 서술형 [기본·심화] 문제 풀기

A 기본 밑줄 친 부분에서 어법상 틀린 부분을 바르게 고쳐 쓰시오.

1	If I had time, I could <u>went</u> to the concert.	→ If I had time, I <u>could go</u> to the concert. 내가 시간이 있다면, 나는 콘서트에 갈 수 있을 텐데.
2	<u>If she studied</u>, she wouldn't have failed the exam.	→ 그녀가 공부를 했다면, 그녀는 시험에 떨어지지 않았을 텐데.
3	<u>If I have the choice</u>, I would live in a city.	→ 내가 선택권이 있다면, 나는 도시에 살 텐데.
4	If you didn't live so far away, <u>I would have seen you more often</u>.	→ 네가 그렇게 멀리 살지 않는다면, 나는 너를 더 자주 볼 텐데.
5	If it had not been rainy, <u>I could had gone climbing</u>.	→ 비가 내리지 않았다면, 나는 등산을 갈 수 있었을 텐데.
6	If I <u>had not be busy</u>, I could have helped him.	→ 내가 바쁘지 않았다면, 나는 그를 도울 수 있었을 텐데.

B 심화 주어진 단어를 활용해 우리말에 맞게 문장을 완성하시오.

1	네가 우리와 함께 여기에 있다면 좋을 텐데. (here)	→ I wish [you were here with us] .
2	내가 좀 더 모험적이었더라면 좋았을 텐데. (adventurous)	→ I wish _____ .
3	내가 애완견이 있다면 좋을 텐데. (pet dog)	→ I wish _____ .
4	내가 속도를 줄였더라면 좋았을 텐데. (slow down)	→ I wish _____ .
5	네가 바쁜 걸 알았더라면, 나는 너를 방해하지 않았을 텐데. (know)	→ _____ , I wouldn't have disturbed you.
6	내가 너라면, 지금 당장 그녀에게 전화할 텐데. (call)	→ If I were you, _____ .
7	내가 그 경주를 이겼더라면, 그 상은 내 것이었을 텐데. (win)	→ _____ , the prize would have been mine.

그 가게는 평소보다 더 붐볐다.

The store was ┊ **more crowded than** ┊ usual.

❶

Check❶ 두 대상을 비교할 때 원급과 비교급을 사용해서 비교할 수 있다. 위 문장은 [형용사/부사의 비교급+than]을 사용한 비교 표현이다.
Check❷ [the+최상급]을 사용한 최상급 비교 표현으로, '가장 ~한/하게'의 의미를 지닌다.

[as+형용사/부사 원급+as]로 원급을 이용한 비교 표현이에요.

❶

The store was ┊ **as crowded as** ┊ usual.

그 가게는 평소만큼 붐볐다.

❷

He is ┊ **the most famous** ┊ artist in Korea.

그는 한국에서 가장 유명한 예술가이다.

비교급과 최상급의 다양한 표현

→ **다양한 비교급**의 표현과 비교급, 원급을 이용한 **최상급**의 표현을 알아보자.

비교급	비교급 and 비교급	The weather is getting **warmer and warmer**. 날씨가 점점 더 따뜻해지고 있다.
	the 비교급 ~ , the 비교급 …	**The more** I make, **the more** I spend. 나는 더 많이 벌수록 더 많이 소비한다.
최상급	비교급+than any other+단수명사	Asia is **larger than any other continent**. 아시아는 다른 어떤 대륙보다 더 크다.
	No (other)+명사 ~ as+원급+as	**No other continent** is as large as Asia. 다른 어떤 대륙도 아시아만큼 크지 않다.
	No (other)+명사 ~ 비교급+than	**No other continent** is larger than Asia. 다른 어떤 대륙도 아시아보다 더 크지 않다.

💬 Grammar 비교하며 익히기 ▪ 다음 문장을 보고 알맞은 것을 고르시오.

1 The book was as exciting (as) / than the last one.
그 책은 지난번 것만큼 흥미진진했다.

The book was more exciting as / than the last one.
그 책은 지난번 것보다 더 흥미진진했다.

2 He ate more and the more / more .
그는 점점 더 많이 먹었다.

The more stress he got, the more / more he ate.
그는 스트레스 받을수록 더 많이 먹었다.

3 He is getting taller and taller / tall and tall .
그는 키가 점점 더 커지고 있다.

He is the tallest / tall in his class.
그는 그의 학급에서 키가 가장 크다.

4 No river is longer / the longest than the Nile River.
어떤 강도 나일 강보다 더 길지는 않다.

No river is as longer / long as the Nile River.
어떤 강도 나일 강만큼 길지 않다.

5 He is strong / stronger than any other man I know.
그는 내가 아는 어떤 남자보다도 힘이 더 세다.

He is the strongest / strongest man I know.
그는 내가 아는 가장 힘센 남자이다.

Sentence 비교하며 써보기

주어진 단어를 활용해 우리말에 맞게 문장을 완성하시오.

1 busy

She is as busy	as you.	그녀는 너만큼 바쁘다.
	than you.	그녀는 너보다 더 바쁘다.

2 good

	and better.	날씨가 점점 더 좋아지고 있다.
	any other season.	여름은 다른 어떤 계절보다도 더 좋다.

3 cold

The further north I went,		.	내가 북쪽으로 더 멀리 갈수록 더 추워졌다.
The weather is getting		.	날씨가 훨씬(much) 더 추워지고 있다.

4 interesting

Music is as		.	음악은 과학만큼 흥미롭다.
No other subject is		.	다른 어떤 과목도 음악보다 더 흥미롭지는 않다.

5 strong

	her.	그는 그녀보다 힘이 더 세다.
	his friends.	그는 그의 친구들 중에서 가장 힘이 세다.

6 delicious

Pizza is one of		.	피자는 가장 맛있는 음식들 중 하나이다.
No other food is		.	다른 어떤 음식도 피자만큼 맛있지는 않다.

7 common

No animal is		.	어떤 동물도 미국에서 개만큼 흔하지는 않다.
A dog is		animal in America.	개는 미국에서 어떤 동물보다도 더 흔하다.

수행평가 SENTENCE WRITING

■ 다음 문장과 그 의미가 통하도록 주어진 표현을 사용해 문장을 쓰시오.

> **No other solution is as reasonable as the first one.** 다른 어떤 해결책도 첫 번째 것만큼 합리적이지 않다.

① the+최상급 → The first solution is the most reasonable.
   첫 번째 해결책이 가장 합리적이다.

② 비교급+than any other+단수명사 → _____
   첫 번째 것은 다른 어떤 해결책보다 더 합리적이다.

③ No+명사 ~ 비교급+than → _____
   어떤 해결책도 첫 번째 것보다 더 합리적이지 않다.

Grammar Point 기초 원급, 비교급, 최상급을 이용한 비교 구문

▪ 주어진 단어를 활용해 우리말에 맞게 문장을 완성하시오.

good	원급	This car is as good as that one.	이 차는 저 차만큼 좋다.
	비교급	This car is _____ than that one.	이 차는 저 차보다 더 좋다.
	최상급	This car is _____ in the world.	이 차가 세계에서 가장 좋다.

➜ 비교구문은 형용사와 부사의 형태를 변화시켜 두 개 이상의 것을 비교하는 것으로 원급, 비교급, 최상급이 있다.

Grammar for Writing 문장 쓰기

▪ 주어진 단어를 활용해 우리말에 맞게 문장을 완성하시오.

1 그 가게는 평소만큼 붐볐다. **crowded** → The store was as crowded as usual.

2 그 가게는 평소보다 더 붐볐다. **crowded** → The store was _____ usual.

3 그것은 세상에서 그 어떤 산보다 더 높다. **high** → _____ mountain in the world.

4 이 셔츠는 저 셔츠보다 더 비싸다. **expensive** → _____ that one.

5 그는 그 배우만큼 잘 생겼다. **handsome** → _____ the actor.

6 그 비행기는 점점 더 높이 날았다. **high** → _____ and higher .

7 어떤 동물도 공작새(peacock)보다 (색이) 더 다채롭지는 않다. **colorful** → No other animal is _____ .

8 어떤 강도 나일 강(the Nile River)만큼 길지는 않다. **long** → No river is _____ .

9 그는 독일에서 가장 유명한 선수이다. **famous** → He is _____ in Germany.

10 그는 한국에서 다른 어떤 예술가보다 더 유명하다. **famous** → He is _____ artist in Korea.

Grammar for 서술형 기본·심화 문제 풀기

A 기본 주어진 어구를 알맞게 배열해 우리말에 맞게 문장을 쓰시오.

1	is, as, science, music, interesting, as	→ Music is as interesting as science. 음악은 과학만큼 흥미롭다.
2	summer, any, than, better, other, is, season	→ 여름은 다른 어떤 계절보다도 더 좋다.
3	she, than, busier, is, Rachel	→ 그녀는 Rachel보다 더 바쁘다.
4	he, the, among, strongest, his, friends, is	→ 그는 그의 친구들 중에서 가장 힘이 세다.
5	the, I, went, colder, it, became, the, further north	→ 내가 북쪽으로 더 멀리 갈수록 더 추워졌다.
6	popular, sport, the, most, is, in Germany, soccer	→ 축구는 독일에서 가장 인기 있는 스포츠다.

B 심화 주어진 구문을 사용해 우리말에 맞게 문장을 쓰시오.

1	no other ~ 비교급+than 다른 어떤 과목도 음악보다 더 흥미롭지는 않다.	→ No other subject is more interesting than music.
2	비교급 and 비교급 날씨가 점점 더 좋아지고 있다.	→
3	as+형용사/부사 원급+as 그것은 버스를 타는 것만큼 빠르다(quick).	→
4	the+최상급 라면(ramen)은 가장 맛있는 음식들 중 하나(one of)이다.	→
5	비교급+than any other+단수명사 개는 미국에서 어떤 동물보다도 더 흔하다.	→
6	the 비교급 ~, the 비교급 … 나는 더 많이 벌수록(make) 더 많이 소비한다.	→
7	no other ~ 비교급+than 건강보다 더 중요한 것은 없다.	→

교과서 **문법 마무리**

개념 정리 ➕ 문장 정리 ➕ 문제 유형

Part 9에 나오는 문장 정리

1. 내가 시간이 있다면, 나는 그 파티를 갈 텐데.

→ If I had time, I would

_____ .

2. 그가 떠났다면, 나는 외로웠을지도 모르겠다.

→ If _____ ,

I might have felt lonely.

3. 내가 너라면, 지금 당장 그녀에게 전화할 텐데.

→ If _____ ,

I would call her right now.

4. 내가 그녀에 대해 모든 것을 알면 좋을 텐데.

→ I wish _____

_____ .

5. 그 가게는 평소만큼 붐볐다. (as)

→ The store _____

_____ .

6. 그는 더 많은 스트레스를 받을수록 더 많이 먹었다.
(the more ~)

→ _____

_____ , the more he ate.

7. 그는 그의 친구들 중에서 가장 힘이 세다. (the strongest)

→ _____

_____ among his friends.

---

1. 가정법

1) 가정법 과거 vs. 가정법 과거완료

가정법 과거는 현재/미래 사실에 반대되는 가정을, 가정법 과거완료는 **과거 사실에 반대되는 가정**을 표현한다.

가정법 과거	**If I saw her, I would tell you.** [if+주어+동사 과거~, 주어+조동사 과거+동사원형] 내가 그녀를 보면, 나는 너에게 말할 텐데.
가정법 과거완료	**If I had seen her, I would have told you.** [if+주어+had+과거분사~, 주어+조동사 과거+have+과거분사] 내가 그녀를 보았더라면, 나는 너에게 말했을 텐데.

2) I wish 가정법

가정법 과거는 **현재/미래에 실현 불가능하거나 이루기 힘든 소망**을, 가정법 과거완료는 **과거에 실현 불가능하거나 이루기 힘들었던 소망**을 표현한다.

가정법 과거	**I wish you could come to the party.** 네가 파티에 올 수 있다면 좋을 텐데.
가정법 과거완료	**I wish I had listened to his advice.** 내가 그의 조언을 들었다면 좋았을 텐데.

문제로 정리

① If I had time, I would [visit / have visited] you.
내가 시간이 있다면 너를 방문할 텐데.

② I wish I could [take / have taken] a trip with you.
내가 너와 함께 여행을 갈 수 있었다면 좋았을 텐데.

2. 비교구문

비교급 표현		최상급 표현	
형용사/부사의 비교급 + than ~	~보다 더 …한/하게	the+최상급	가장 ~한/하게
as+형용사/부사 원급 + as ~	~만큼 …한/하게	비교급+than any other+단수명사	다른 어떤 ~보다 더 …한/하게
비교급 and 비교급	점점 더 ~한/하게	No (other)+명사 ~ as+원급+as	다른 어떤 (명사)도 …만큼 ~하지 않은
the 비교급 ~, the 비교급 …	더 ~할수록 더 …한/하게		

문제로 정리

③ The book was [more / most] exciting than the last one.
그 책은 지난번 것보다 더 흥미진진했다.

④ No river is as [longer / long] as the Nile River.
어떤 강도 나일 강만큼 길지 않다.

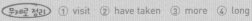

문제로 정리 ① visit ② have taken ③ more ④ long

문장 정리 1. If I had time, I would go to the party. 2. If he had left, I might have felt lonely. 3. If I were you, I would call her right now. 4. I wish I knew everything about her. 5. The store was as crowded as usual. 6. The more stress he got, the more he ate. 7. He is the strongest among his friends.

The Road Not Taken

by Robert Frost

Two roads diverged in a yellow wood,
And sorry I could not travel both
And be one traveler, long I stood
And looked down one as far as I could
To where it bent in the undergrowth;

Then took the other, as just as fair,
And having perhaps the better claim,
Because it was grassy and wanted wear;
Though as for that, the passing there
Had worn them really about the same,

And both that morning equally lay
in leaves no step had trodden black.
Oh, I kept the first for another day!
Yet knowing how way leads on to way,
I doubted if I should ever come back.

I shall be telling this with a sigh
Somewhere ages and ages hence:
Two roads diverged in a wood, and I –
I took the one less traveled by,
And that has made all the difference.

가지 않은 길

노랗게 물든 숲에 두 갈래의 길이 있었어요.
나는 그저 몸이 하나인 나그네라 (두 길을 다
갈 수 없어) 서운한 마음으로 오랫동안 서서
덤불 속으로 굽어 접어든 한쪽 길을 끝까지
바라보았어요.

그리고 나서 또 하나의 길을 택했어요.
똑같이 아름답고, 아마 더 나은 듯도 했어요.
풀이 더 무성하고 사랑을 부르는 것 같아서요.
사람이 밟은 흔적은 먼저 길과 비슷했지만요.

그날 아침 두 길은 똑같이 물여있었고 낙엽 위로는
아무런 발자국도 없었어요.
아, 먼저 길은 다른 날 걸어봐야지 생각했어요.
한번 가면 어떻게 이끄는지 알고 있으니,
다시 보기 어려우리라 여기면서도요.

오랜 세월이 흐른 다음 나는 한숨지으며
말하겠지요.
두 갈래 길이 숲 속으로 나 있었다. 그래서 나는
사람이 덜 밟은 길을 택했고, 그것이 내 운명을
바꾸어 놓았다고 말이에요.

중학영문법
문법이 쓰기다 서술형

Part 10이 이어져요. →

중학영문법
문법이 쓰기다 서술형

서술형, 수행 평가를 위한 조언

수와 시제의 일치에 유의하여 문장을 쓸
수 있어야 하고, 직접화법에서 간접화법
으로 적절히 바꿀 수 있어야 한다. 또한
여러 가지 특수구문의 형태를 파악하고
그 의미에 맞도록 문장을 쓸 수 있어야
한다.

서술형 수행평가 완벽 대비

PART 10
일치·화법·특수구문

구성과 교과서 연계

Unit 1	일치	두산(김) 9과, 비상(이) 7과
Unit 2	간접화법	두산(이) 2과, 천재(김) 4과, 미래엔(배) 1과
Unit 3	강조구문	천재(김) 3과, 미래엔(배) 7과, 비상(이) 4과
Unit 4	간접의문문과 명령문	천재(김) 4과, 천재(이) 1과, 미래엔(배) 1과
문법 마무리		

✅ 중학 문법이 쓰기다 연계

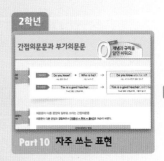

Part 10 자주 쓰는 표현

Part 10 일치·화법·특수구문

Ten dollars is a high price to pay.

Check❶ 시간, 거리, 금액, 무게를 나타내는 명사구는 단수로 취급한다.
Check❷ 주절의 시제가 현재나 미래인 경우 종속절에는 어떤 시제도 쓸 수 있다. 주절의 시제가 현재에서 과거로 바뀔 경우에는 종속절의
시제가 현재→과거, 과거→과거완료, 현재완료→과거완료로 바뀐다.

| I think | that she | **❷** has gone | to France. | 나는 그녀가 프랑스로 갔다고 생각한다. |

| I thought | that she | had gone | to France. | 나는 그녀가 프랑스로 갔다고 생각했다. |

주절 / 종속절

수의 일치 더 알아보기

➜ 주어를 **단수로 취급**하는
경우, **복수로 취급**하는 경우
와 **명사에 수를 일치**시키는
경우를 알아보자.

✔ 수의 일치는 주어의 수와 인칭에 따른 동사의 올바른 사용을 말한다.

단수로 취급	· every, each, -one, -thing, -body · the number of+복수명사: ~의 수
복수로 취급	· both A and B · a number of+복수명사: 많은
명사에 일치	· all, some, most, half of+명사

💬 Grammar 비교하며 익히기 · 다음 문장을 보고 알맞은 것을 고르시오.

1 Every room in the hotel (was) / were reserved. 　　그 호텔에 모든 방이 다 예약되었다.

All of the rooms in the hotel was / were reserved. 　　그 호텔에 모든 방이 다 예약되었다.

2 Some of the components is / are missing. 　　그 부품들의 일부가 없어졌다.

Some of the pie is / are missing. 　　그 파이 일부가 없어졌다.

3 Both she and I play / plays the guitar. 　　그녀와 나는 둘 다 기타를 연주한다.

Each of them play / plays the guitar. 　　그들 각각은 기타를 연주한다.

4 I saw that he is / was working hard. 　　나는 그가 열심히 일하고 있는 것을 봤다.

I thought that he is / was working. 　　나는 그가 일하고 있던 중이라고 생각했다.

5 She says that he writes / will write a letter everyday. 　　그녀는 그가 매일 편지를 쓴다고 말한다.

She said that he writes / had written a letter yesterday. 　　그녀는 그가 어제 편지를 썼다고 말했다.

Sentence 비교하며 써보기

✎ 주어진 단어를 활용해 우리말에 맞게 문장을 완성하시오.

1 여행객의 수가 감소하고 있다. (decrease)

The number of tourists [*is decreasing*] .

많은 여행객이 한국에 온다. (come)

A number of tourists [   ] .

2 모두 그 영화를 보길 원한다. (see)

Everybody [   ] .

Joan과 나는 둘 다 그 영화를 보길 원한다. (see)

Both Joan and I [   ] .

3 물의 일부가 증발했다. (evaporate-현재완료 시제)

Some of the water [   ] .

내 친구들 중 몇몇은 나에게 화가 났다. (angry at)

Some of my friends [   ] .

4 세 시간은 그것을 끝마치기에 충분하지 않다. (enough)

Three hours [   ] .

10마일은 걸어가기에 너무 멀다. (far)

Ten miles [   ] .

5 이민자의 수는 부정확하다. (unclear)

The number of immigrants [   ] .

많은 이민자들이 다쳤다. (injure)

A number of immigrants [   ] .

6 나는 네가 최선을 다 했다는 것을 안다. (best)

I know that you have [   ] .

나는 네가 최선을 다 한다는 것을 안다. (best)

I know that you [   ] .

7 나는 네가 그 답을 안다고 생각한다. (know)

I think you [   ] .

나는 네가 그 답을 안다고 생각했다. (know-단순과거 시제)

I thought you [   ] .

수행평가 SENTENCE WRITING

■ 각 문장에서 어법상 틀린 부분을 찾아 바르게 고쳐 쓰시오.

① The number of copies ~~are~~ limited. 복사 매수에는 제한이 있다.

② Both Peter and Steven is going to visit Canada. Peter와 Steven 둘 다 캐나다를 방문할 예정이다.

③ I thought I can go on vacation this year as I planned. 나는 내가 계획한 대로 올해 휴가를 갈 수 있을 것이라고 생각했다.

① ___are___ → ___is___

② _____ → _____

③ _____ → _____

Grammar Point 기초 수의 일치와 시제의 일치

▪ 다음 빈칸에 주어진 단어를 활용해 우리말에 맞게 문장을 완성하시오.

수의 일치	be	All the money **was** gone.	모든 돈이 사라졌다.
	have	Each of us _____ a vacation plan.	우리 각각은 휴가 계획이 있다.
시제의 일치	work	I think that he _____ hard.	나는 그가 열심히 일한다고 생각한다.
	work	I thought that he _____ hard.	나는 그가 열심히 일했다고 생각했다.

→ [all/some+명사구]에서 동사는 명사에 수 일치하고, every, each, -thing은 단수 취급한다. 주절의 시제가 현재에서 과거로 바뀔 때, 종속절의 현재 시제도 과거로 바꾼다.

Grammar for Writing 문장 쓰기

▪ 주어진 단어를 활용해 우리말에 맞게 문장을 완성하시오.

1 그 호텔에 모든 방이 예약되었다. **every** → Every room in the hotel was reserved.

2 3마일은 걷기에는 너무 멀다. **three miles** → _____ too far to walk.

3 학생들의 수가 감소하고 있다. **the number of** → _____ decreasing.

4 그녀와 나는 둘 다 걸어서 매일 학교에 간다. **both ~ and** → _____ to school every day.

5 많은 여행객이 한국에 온다. **a number of** → _____ to Korea.

6 그 부품들이 일부가 없어졌다. **miss** → Some of the components _____ .

7 나는 그 영화가 멋질 거라 생각한다. **great** → I think that _____ .

8 나는 네가 그 시험(exam)을 준비했었다고 생각했다. **had prepared** → I thought that _____ .

9 모든 사람들이 그 영화를 보고 싶어 한다. **want** → Everybody _____ .

10 나는 네가 너의 가족을 그리워한다는 것을 안다. **miss** → I know that _____ .

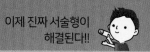

Grammar for 서술형 [기본·심화] 문제 풀기

A 기본　어법상 틀린 부분을 바르게 고쳐 쓰시오.

1 **All of the students wants to go on a field trip.**
모든 학생들이 현장학습을 가길 원한다.
→ All of the students <u>want</u> to go on a field trip.

2 **Each country have its own unique culture.**
각 나라는 그 나라만의 독특한 문화를 가지고 있다.
→

3 **Some of his money were stolen.**
그의 돈 일부가 도난당했다.
→

4 **The number of immigrants are unclear.**
이민자의 수는 부정확하다.
→

5 **I think the performance is great.**
나는 그 공연이 훌륭했다고 생각한다.
→

6 **He said that the store opened every day.**
그는 그 가게는 매일 문을 연다고 말했다.
→

↪ 규칙적으로 일어나는 일을 현재 시제로 표현해요.

B 심화　주어진 어구를 활용해 우리말에 맞게 문장을 완성하시오.

1 Joan과 Steven 모두 캐나다에서 왔다.
(come from)
→ Both Joan | and Steven came from Canada | .

2 나는 그 표들을 구하기 어려울 거라고 생각했다.
(difficult, get the tickets)
→ I thought it | .

3 그녀는 그가 머무를 거라고 들었다.
(stay)
→ She heard that | .

4 나는 내가 그 답을 안다고 생각한다.
(answer)
→ I think that | .

5 복사 매수에는 제한이 있다.
(copy, limited)
→ The number of | .

6 아이들 중 몇몇은 그 게임을 즐기는 것처럼 보인다.
(seem, enjoy)
→ Some of the children | .

7 세 시간은 그것을 끝마치기에 충분하지 않다.
(enough to)
→ Three hours | .

간접화법

그는 나를 도와주겠다고 말했다.

He ❶[said that he would] give me a hand.

↳ 직접화법: He said, "I'll give you a hand."

Check❶ 평서문 **직접화법**을 **간접화법**으로 전환 시, 전달내용(" "부분)을 **that**절로 바꾸고, 대명사도 동작 주체에 맞게 바꾼다. 이 때 주절이 과거 시제이면 **that**절의 (조)동사, 부사, 지시대명사를 과거 시제에 맞게 바꾼다.

Check❷ 명령문 **간접화법**은 전달동사를 문맥에 맞게 적절히 바꾸고, **의문문 간접화법**은 의문사가 있는 경우 **[의문사+주어+동사]**, 의문사가 없는 경우 **[if/whether+주어+동사]**의 어순이 된다.

↳ 직접화법: He said to me, "Don't go out."

He ❷[ordered] me not to go out.

그는 나에게 밖에 나가지 말라고 명령했다.

He [asked] me if I would come later.

그는 내가 나중에 올 것인지 나에게 물어봤다.

↳ 직접화법: He said to me, "Will you come later?"

화법의 전환

→ 간접화법으로 전환 시 **전달동사의 변화**와, 주절이 [주어+과거동사]인 경우 that절의 **시제 변화**에 유의하자.

직접화법 → 간접화법 전환 시, 전달동사의 변화
평서문: say → say / say to 명사 → tell
명령문: say to 명사 → tell, order, ask, advise 등
의문문: say to 명사 → ask

직접화법 → 간접화법 전환 시, 시제의 변화
현재 → 과거 / 과거 → 과거완료 / 현재완료 → 과거완료

전달동사가 과거 시제일 때 지시대명사와 부사의 변화		
this → that	yesterday → the day before
these → those		the previous day
here → there	tomorrow → the next day
now → then	next week → the following week
today → that day	last week → the previous week

✅ Grammar 비교하며 익히기 ▪ 다음 문장을 보고 알맞은 것을 고르시오.

1
He (said) / said to , "Zoe bought a new car."
그는 "Zoe가 새 차를 샀어."라고 말했다.

He said / said to Zoe had bought a new car.
그는 Zoe가 새 차를 샀다고 말했다.

2
She said, "I will / would visit you."
그녀는 "나는 너를 방문할 거야."라고 말했다.

She said she will / would visit me.
그녀는 나를 방문할 거라고 말했다.

3
He said to / said you, "Don't eat this."
그는 네게 "이것을 먹지 마세요."라고 말했다.

He told you not to eat this / that .
그는 네게 저것을 먹지 말라고 말했다.

4
I said to her, " Wake / To wake up early."
나는 그녀에게 "일찍 일어나라."라고 말했다.

I told her wake / to wake up early.
나는 그녀에게 일찍 일어나라고 말했다.

5
He said to her, "What time is it / it is ?"
그는 그녀에게 "몇 시니?"라고 말했다.

He asked her what time was it / it was .
그는 그녀에게 몇 시냐고 물었다.

Sentence 비교하며 써보기

주어진 단어를 활용해 문장을 완성하시오.

1 **lose**

She said to me, "I [lost] my cellphone."
> 그녀는 내게 "나는 내 휴대전화를 잃어버렸어."라고 말했다.

She told me she [had lost] her cellphone.
> 그녀는 내게 그녀의 휴대전화를 잃어버렸다고 말했다.

2 **want**

He said, " [   ] Spanish."
> 그는 "나는 스페인어를 배우고 싶어."라고 말했다.

He said [   ] Spanish.
> 그는 스페인어를 배우고 싶다고 말했다.

3 **leave**

He said, "I [   ]."
> 그는 "나는 여기를 떠날 거야."라고 말했다.

He said that he [   ].
> 그는 그곳을 떠날 거라고 말했다.

4 **be**

I said to him, "Where [   ]?"
> 나는 그에게 "당신은 어디 출신인가요?"라고 말했다.

I asked him where [   ].
> 나는 그가 어디 출신인지 그에게 물었다.

5 **give**

He said, " [   ]?"
> 그는 "누가 그녀에게 그 열쇠를 주었지?"라고 말했다.

He asked [   ].
> 그는 누가 그녀에게 그 열쇠를 주었는지 물었다.

6 **eat**

She said to him, " [   ]"
> 그녀는 그에게 "야채를 더 많이 먹어라."라고 말했다.

She advised him [   ].
> 그녀는 그에게 야채를 더 많이 먹으라고 충고했다.

7 **explain**

He said to me, " [   ] why?"
> 그는 나에게 "왜인지 설명할 수 있니?"라고 말했다.

He asked me [   ] why.
> 그는 나에게 왜인지 설명할 수 있는지 물었다.

수행평가 SENTENCE WRITING

■ 주어진 직접화법 문장을 간접화법 문장으로 바꿔 쓰시오.

①	직접화법	She said to me, "Is it enough to pay off your debts?" 그녀는 나에게 "그것은 너의 빚을 청산하기에 충분하니?"라고 말했다.
	간접화법	→ She _____.

②	직접화법	Jamie said, "I have a sore throat so I will go see a doctor tomorrow." Jamie는 "나는 목이 따가워서 내일 의사를 보러 갈 거야."라고 말했다.
	간접화법	→ Jamie said that _____.

Grammar Point 기초 직접화법 → 간접화법 문장 전환

■ 평서문, 명령문, 의문문 직접화법 문장을 간접화법으로 바꿔 쓰시오.

평서문	Peter said to her, "I bought something for you." → Peter told her that he had bought something for her .
명령문	Our teacher said to us, "Do not run here." → Our teacher _____ .
의문문	Peter said, "Are you going fishing tomorrow?" → Peter _____ .

→ 직접화법은 다른 사람이 한 말을 따옴표 안에 그대로 옮기는 것을 말하고, 간접화법은 남이 한말을 자기 말로 바꾸어 그 내용을 옮기는 화법을 말한다.

Grammar for Writing 문장 쓰기

■ 주어진 단어를 활용해 우리말에 맞게 문장을 완성하시오.

1 나는 그에게 그가 매우 멋있어 보인다고 말했다. **look** → I told him that he looked very nice .

2 그는 나에게 그녀가 메시지를 남겼다고 말했다. **leave** → He told me that she _____ .

3 너는 다음 날 바쁠 거라고 말했다. **busy** → You said that _____ .

4 그녀는 나에게 일찍 잠자리에 들라고 말했다. **go** → She told me _____ .

5 그는 나에게 나가지 말라고 명령했다. **not, go** → He ordered me _____ .

6 그녀는 나에게 이따가 올 것인지 물었다. **come** → She asked me _____ .

7 그녀는 나에게 언제 올 것인지 물었다. **come** → She asked me _____ .

8 그녀는 그에게 무엇이 그를 슬프게 했는지 물었다. **make** → She asked him _____ .

9 나는 그녀에게 일찍 일어나라고 말했다. **wake** → I told her _____ .

10 그녀는 나에게 어디를 가고 있었는지 물어봤다. **go** → She asked me _____ .

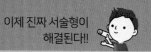

Grammar for 서술형 [기본·심화] 문제 풀기

A 기본 주어진 간접화법 문장을 직접화법 문장으로 바꿔 쓰시오.

1 She told me (that) I would need to arrive there on time.	→ She said to me, "You will need to arrive here on time."
2 He told me (that) he had met her the day before.	→
3 He said (that) he would leave there.	→
4 She said (that) she could go to the supermarket.	→
5 He asked me if I could give him a ride.	→
6 I asked her when the class had begun.	→

B 심화 주어진 우리말에 맞게 간접화법 문장을 완성하시오.

1 그는 누가 그녀에게 그 열쇠를 주었는지 물었다.	→ He asked who had given her the key.
2 나는 내가 거기에 앉을 수 있는지 물었다.	→ sit there.
3 엄마는 내게 그 종이봉투들을 재사용하라고 말씀하셨다.	→ the paper bags.
4 그녀는 나에게 그것이 나의 빚을 청산하기에 충분한지 물었다.	→ pay off my debts.
5 Claire는 언제 우체국이 문을 열지 알고 싶었다.	→ Claire wanted to know .
6 그녀는 그녀의 개를 잃어버렸다고 말했다.	→ She said that .
7 그는 그녀가 이미 떠났다고 나에게 말했다.	→ He told me that .

나에게 거짓말을 한 사람은 바로 Zoe였다.

It was Zoe **that** told me a lie.

↪ It is(was) ~ that 구문

강조 대상이 사람, 사물, 시간, 장소인지에 따라 that을
who, which, when, where로 바꿔 쓸 수 있어요.

Check❶ 문장에서 주어, 목적어나 부사구를 it is(was)와 that 사이에 넣어 강조할 수 있다.
Check❷ [do/does/did+동사원형]는 동사를 강조하는 표현이고, [the very+명사]는 명사를 강조하는 표현이다.

↪ 과거 시제는 [did + 동사원형] 형태를 사용하는 것에 주의해요.

He **does enjoy** playing with his dog. | 그는 그의 강아지와 노는 것을 정말로 즐긴다.

This is **the very car** that I want to buy. | 이것이 내가 사고 싶은 바로 그 차이다.

강조구문 더 알아보기
➔ 의문사 강조 표현과 부정어 강조 표현에 대해 알아보자.

의문사 강조 표현	의문사+on earth/in the world How **in the world** did you make that mistake? 도대체 어떻게 그런 실수를 했니?
부정어 강조 표현	at all, in the least를 활용 I did not **in the least** expect to see you here. 나는 너를 여기서 볼 거라고 전혀 예상하지 못했다.

💬 Grammar 비교하며 익히기 ▪ 주어진 구문이나 표현을 사용해 우리말에 맞게 강조구문을 완성하시오.

1 it is ~ that

It was at 9 o'clock that I woke her up. | 내가 그녀를 깨운 것은 바로 9시 정각이었다.

[_____] woke her up at 9 o'clock. | 9시 정각에 그녀를 깨운 것은 바로 나였다.

2 it is ~ that

[_____] I saw him. | 내가 그를 본 곳은 바로 그 극장에서였다.

[_____] I saw at the theater. | 내가 그 극장에서 본 것은 바로 그였다.

3 it is ~ that

[_____] bought the ticket. | 그 표를 산 것은 바로 Dan이다.

[_____] Dan bought. | Dan이 산 것은 바로 그 표였다.

4 do

I [_____] she would give me a call. | 나는 그녀가 나에게 전화할 거라고 정말로 예상했다.

She [_____] good with short hair. | 그녀는 짧은 머리가 정말 잘 어울린다.

5 on earth

[_____] is that insect? | 저 곤충은 대체 뭐니?

[_____] did you meet him? | 너는 도대체 어디에서 그를 만났니?

Sentence 비교하며 써보기

✎ 강조구문(it is ~that/ 동사/ 명사 강조)을 사용해 우리말에 맞게 문장을 완성하시오.

1

| I took care | of the baby. | 나는 그 아기를 돌봤다. |
| | of the baby. | 그 아기를 돌본 것은 바로 나였다. |

2

| | I like on this street. | 나는 내가 좋아하는 그 소녀를 이 거리에서 만났다. |
| | I met the girl I like. | 내가 좋아하는 그 소녀를 만난 것은 바로 이 거리에서였다. |

3

| | because of her dream. | 그녀는 그녀의 꿈 때문에 집을 떠났다. |
| | she left home. | 그녀가 집을 떠났던 것은 바로 그녀의 꿈 때문이었다. |

4

| You are the person | . | 당신은 내가 보기 원했던 그 사람이다. |
| | that I wanted to see. | 당신은 내가 보기 원했던 바로 그 사람이다. |

5

| This is the car that | . | 이것은 내가 사고 싶었던 그 차이다. |
| | that I want to buy. | 이것은 내가 사고 싶은 바로 그 차이다. |

6

| I know | . | 나는 물리학에 대해 많이 안다. |
| | a lot about physics. | 나는 물리학에 대해 정말로 많이 안다. |

7

| | last time, ten times. | 나는 지난번에 너에게 전화를 했다, 열 번씩이나. |
| | last time, ten times. | 나는 지난번에 정말로 너에게 전화를 했다, 열 번씩이나. |

수행평가 SENTENCE WRITING

■ 주어진 조건에 따라 강조 구문을 만드시오.

	조건	문장
①	동사 강조	I worried about running out of cash.
②	부정어 강조: at all 사용	They did not expect to see it there.

① _____

② _____

✓ 숙제용으로도 쓸 수 있어요.

Grammar Point 기초 강조 구문

▪ 주어진 문장에서 밑줄 친 부분을 강조하는 강조구문을 완성하시오.

It is~that	I called <u>her</u> three times last night. → [It was her that] I called three times last night.
동사 강조	She <u>loves</u> cheesecake. → She _____ cheesecake.
명사 강조	This is <u>the bag</u> that I'd love to buy. → This is _____ that I'd love to buy.

→ it과 that 사이에 강조할 부분을 넣어 그 의미를 강조하는 강조구문 외에 동사 강조, 명사 강조, 의문사 강조(의문사 + on earth / in the world), 부정어 강조(at all, in the least 활용)의 표현을 알아두자.

Grammar for Writing 문장 쓰기

▪ 주어진 어구를 활용해 우리말에 맞게 문장을 완성하시오.

1 버스정류장에서 그 남자를 만난 사람은 바로 <u>Joan</u>이었다. 　**meet** → It was Joan that met the man　at the bus stop.

2 버스정류장에서 Joan이 만난 사람은 바로 <u>그 남자</u>였다. 　**meet** → _____ at the bus stop.

3 Joan이 그 남자를 만난 곳은 바로 그 <u>버스정류장</u>에서였다. 　**meet** → _____ the man.

4 나는 내 강아지와 노는 것을 <u>정말로 즐긴다</u>. 　**enjoy** → _____ with my dog.

5 그는 어제 그의 강아지와 노는 것을 <u>정말로 즐겼다</u>. 　**enjoy** → _____ with his dog yesterday.

6 이것이 내가 사고 싶은 <u>바로 그 차</u>이다. 　**car** → _____ that I want to buy.

7 <u>도대체</u> 어떻게 그런 실수를 했니? 　**in the world** → _____ make that mistake?

8 나는 너를 여기서 볼 거라고는 <u>전혀</u> 예상하지 못했다. 　**in the least** → _____ to see you here.

9 내가 그를 본 것은 바로 그 <u>영화관에서</u>였다. 　**at the theater** → _____ I saw him.

10 <u>도대체</u> 저 벌레는 무엇인가요? 　**on earth** → _____ that insect?

Grammar for 서술형 기본 · 심화 문제 풀기

A 기본 어법상 어색한 부분을 바르게 고쳐 쓰시오.

1 It is the girl I like that I met on this street.
내가 길에서 만난 것이 내가 좋아하는 바로 그 소녀였다.
→ It was the girl I like that I met on this street.

2 I do meet my husband in Paris.
나는 파리에서 내 남편을 정말로 만났다.
→

3 I did called you last night, ten times.
나는 어젯밤 정말로 너에게 전화를 했어, 열 번씩이나.
→

4 How did you in the world find him?
대체 그를 어떻게 찾은 거니?
→

5 We are not afraid of sharks not at all.
우리는 상어를 조금도 두려워하지 않는다.
→

B 심화 주어진 조건에 맞게 문장을 쓰시오.

1 조건: in the least 강조어구 사용
나는 어떤 것도 발견하지 못했다.
(find out)
→ I did not in the least find out anything.

2 조건: it ~ that 강조구문 사용 / 과거완료 시제
우리가 이겼다는 사실을 내가 안 것은 바로 그때였다.
(only then, realize)
→

3 조건: on earth 강조어구 사용
도대체 누가 그렇게 말했니?
(say, so)
→

4 조건: it ~ that 강조구문 사용
나를 성가시게 하는 것은 바로 그의 목소리이다.
(annoy)
→

5 조건: it ~ that 강조구문 사용
나를 위해 송별회를 열었던 것은 바로 Ted였다.
(throw a farewell party)
→

6 조건: it ~ that 강조구문 사용
우리가 처음 만났던 곳은 바로 저 가게였다.
(where, first met)
→

7 조건: 동사 강조 표현
나는 정말로 물리학에 대해 많이 안다.
(a lot, physics)
→

간접의문문과 명령문

그 은행이 어디에 있는지 저에게 알려줄 수 있습니까?

Could you tell me where the bank is? ❶

Check❶ WH-의문사가 있는 **간접의문문**은 [의문사+주어+동사]의 구조이며, 문장에서 주어, 목적어, 보어 역할을 하는 **명사절**을 이끈다.

Check❷ [**명령문, and ~**]는 '~해라, 그러면'의 의미이고, [**명령문, or ~**]는 '~해라, 그렇지 않으면'의 의미이다.

> Yes or No 간접의문문은 [if/whether+주어+동사]의 구조예요.

Do you know	if it is **true?**	너는 그것이 사실인지 아니?
Be quiet, and the baby ❷	**will sleep well.**	조용히 해라, 그러면 그 아기는 잘 잘 것이다.
Be quiet, or the baby	**will wake up and cry.**	조용히 해라, 그렇지 않으면 아기는 깨서 울 것이다.

[의문사+do you think ~]

→ 의문사가 문장 앞에 위치하는 간접의문문의 경우를 살펴보자.

✓ 주절의 동사가 생각이나 추측을 나타내는 동사일 때, 간접의문문의 의문사를 문장 앞에 쓴다.

Do you think? ⊕ What is her problem?

→ **What** do you think **her problem is**?

* 생각, 추측을 나타내는 동사: guess, think, believe, suppose 등

💬 Grammar 비교하며 익히기 ▪ 주어진 단어를 활용해 우리말에 맞게 문장을 완성하시오.

1 call

Did you call her yesterday? — 너는 어제 그녀에게 전화했니?

Can you tell me _____ her yesterday? — 너는 어제 그녀에게 전화했는지 내게 말해줄 수 있니?

2 live

_____ in London? — 그는 런던에 사니?

Can you tell me _____ in London? — 그가 런던에 사는지 내게 말해줄 수 있나요?

3 do

_____ for living? — 그녀는 무슨 일을 하니?

Do you know _____ for living? — 너는 그녀가 무슨 일을 하는지 아니?

4 save

Why do _____ money? — 왜 우리가 돈을 저축해야 하나요?

Why do you think _____ money? — 당신은 왜 우리가 돈을 저축해야 한다고 생각합니까?

5 get

Get some rest, _____ better. — 휴식을 취해, 그러면 너는 나아질 거야.

Get some rest, _____ sick later. — 휴식을 취해, 그렇지 않으면 나중에 아프게 될 거야.

Sentence 비교하며 써보기

주어진 단어를 활용해 우리말에 맞게 문장을 완성하시오.

1 **come**

Why couldn't | she come | ?
왜 그녀는 올 수 없었니?

Do you know | why she couldn't come | ?
너는 그녀가 왜 올 수 없었는지 아니?

2 **work**

How | | ?
그것은 어떻게 작동하니?

Can you tell me | | ?
그것이 어떻게 작동하는지 내게 말해줄 수 있니?

3 **answer**

| | the question?
너는 그 질문에 대답했니?

Can you tell me | | the question?
그 질문에 대답했는지 내게 말해줄 수 있니?

4 **finish**

| | it?
그녀는 그것을 끝냈니?

Do you know | | it?
너는 그녀가 그것을 끝냈는지 아니?

5 **happen**

How did | | ?
어떻게 그 사고가 일어났니?

Do you know | | ?
어떻게 그 사고가 일어났는지 너는 알고 있니?

6 **get**

If you arrive early, | | .
네가 일찍 도착하면, 너는 좋은 자리를 잡을 것이다.

Arrive early, | | .
일찍 도착해라, 그러면 너는 좋은 자리를 잡을 것이다.

7 **miss**

Unless you leave now, | | .
네가 지금 떠나지 않으면, 너는 비행기를 놓칠 거야.

Leave now, | | .
지금 떠나, 그렇지 않으면 너는 비행기를 놓칠 거야.

수행평가 SENTENCE WRITING

■ 다음 주어진 두 문장을 우리말에 맞게 한 문장으로 만드시오.

Do you believe? ⊕ When can you buy this car?

→ ① _____

너는 언제 이 차를 살 수 있을 거라 믿니?

Help her ⊕ She won't be able to finish her homework.

→ ② _____

그녀를 도와라, 그렇지 않으면 그녀는 그녀의 숙제를 끝낼 수 없을 것이다.

Grammar Point 기초 간접의문문 & [명령문, and] vs. [명령문, or]

▪ 다음 간접의문문과 명령문을 우리말에 맞게 완성하시오.

간접의문문	I don't know. ⊕ How do I get there?	나는 그곳에 어떻게 가는지 모르겠어.
	→ I don't know how I get there .	
명령문, and/or	Hurry up, you'll get there on time.	서둘러, 그러면 너는 제시간에 도착할 거야.
	Hurry up, you'll be late.	서둘러, 그렇지 않으면 너는 늦을 거야.

→ 간접의문문은 의문사가 이끄는 절이 다른 문장의 일부인 형태로 주어, 목적어, 보어가 되는 명사절의 기능을 한다.

Grammar for Writing 문장 쓰기

▪ 주어진 단어를 활용해 우리말에 맞게 문장을 완성하시오.

1 당신은 그 은행이 어디에 있는지 저에게 알려줄 수 있습니까?　where, bank → Could you tell me where the bank is ?

2 당신은 그가 중국인인지 아나요?　if, Chinese → Do you know ?

3 당신은 그가 회의에 늦었는지 나에게 말해줄 수 있나요?　if, late for → Can you tell me ?

4 조용히 해라, 그러면 그 아기는 잠을 잘 잘 것이다.　sleep well → Be quiet, .

5 조용히 해라, 그렇지 않으면 그 아기는 깰 것이다.　wake up → Be quiet, .

6 너는 그가 무슨 일을 하는지 아니?　what, for living → Do you know ?

7 너는 그녀가 어디에 사는지 아니?　where → Do you know ?

8 너는 그것이 사실인지 아니?　if, true → Do you know ?

9 서둘러, 그러면 공짜 표를 받을 거야.　get, free ticket → Hurry up,

10 지금 떠나, 그렇지 않으면 그 기차를 놓칠 거야.　miss → Leave now, .

Grammar for 서술형 [기본·심화] 문제 풀기

A 기본 어법상 틀린 부분을 바르게 고쳐 쓰시오.

1 Do you know why she can't come?
너는 왜 그녀가 올 수 없었는지 아니?

→ Do you know why she <u>couldn't</u> come?

2 Can you tell me how does it work?
그것이 어떻게 작동하는지 내게 말해줄 수 있니?

→

3 Do they know what you do last year?
네가 작년에 무엇을 했는지 그들은 알고 있니?

→

4 Press the button, or it will be turned on.
버튼을 눌러라, 그러면 켜질 것이다.

→

5 Leave now, and you will miss your flight!
지금 떠나, 그렇지 않으면 비행기를 놓칠 거야!

→

6 Do you know how did the accident happen?
어떻게 그 사고가 일어났는지 너는 알고 있니?

→

B 심화 주어진 우리말에 맞게 문장을 쓰시오.

1 숙제를 끝내라, 그러면 너는 그 비디오 게임을 얻을 것이다. **(get)**

→ Finish your homework, | and you will get the video game | .

2 그가 어떻게 그 문제를 풀었는지 보았니? **(solve)**

→ Did you see | ?

3 그는 네가 그 영화를 보았는지 알기를 원한다. **(watch)**

→ He wants to know | .

4 밧줄을 꽉 붙잡아라, 그렇지 않으면 너는 절벽에서 떨어질 것이다. **(fall off)**

→ Hold on the rope tight, | .

5 너는 언제 우체국이 문을 여는지 아니? **(open)**

→ Do you know | ?

6 나는 그것이 무엇을 의미하는지 알고 싶다. **(mean)**

→ I want to know | .

7 너는 그들이 어디로 갔는지 내게 말해 줄 수 있니? **(go)**

→ Can you tell me | ?

Part 10에 나오는 문장 정리

1. 나는 그가 열심히 일했다고
   생각했다. (단순과거 시제)

→ I thought _____

_____.

2. 학생들의 수가 감소하고 있다.

→ _____

_____ decreasing.

3. 그녀는 내게 그녀의 휴대전화를
   잃어버렸다고 말했다.
   (과거완료 시제)

→ _____

_____.

4. 그녀는 그에게 야채를 더 많이
   먹으라고 충고했다.

→ She advised _____

_____.

5. Dan이 산 것은 바로 그 표였다.
   (It was ~ that)

→ _____

_____.

6. 도대체 저 벌레는 무엇인가요?
   (on earth)

→ _____

_____?

7. 너는 그녀가 무슨 일을 하는지
   아니? (for living)

→ _____

_____?

1. 일치

	수의 일치	시제의 일치
단수 취급	the number of+복수명사, every, each, -one	주절의 시제가 현재에서 과거로 바뀔 경우 종속절의 시제는 현재 → 과거, 과거 → 과거완료, 현재완료 → 과거완료로 바뀐다.
복수 취급	a number of+복수명사, both A and B	＊ 주절의 시제가 현재나 미래이면 종속절에는 어떤 시제도 쓸 수 있다.
명사에 수 일치	all, some, most, half of+명사	

2. 간접화법

직접화법을 간접화법으로 전환 시, 전달동사, 시제, 대명사를 적절하게 바꾼다.

✓ 직접화법에서 간접화법으로 전환 시 동사와 시제의 변화

전달동사의 변화 (직접화법 → 간접화법)	시제의 변화 (직접화법 → 간접화법)
평서문 say → say / say to → tell	현재 → 과거
명령문 say to → tell, order, ask, advise 등	과거 → 과거완료
의문문 say to → tell, ask 등	현재완료 → 과거완료

문제로 정리

① All of the rooms in the hotel was / were reserved.   호텔에 모든 방이 다 예약되었다.

② He asked me if I will / would come later.   그는 내가 나중에 올 것인지 나에게 물어봤다.

3. 강조구문

It is(was) ~ that	주어, 목적어, 부사구 등 강조	do/does/did+동사원형	동사 강조
		the very+명사	명사 강조
on earth/in the world	의문사 강조	at all, in the least	부정어 강조

4. 간접의문문과 명령문

- **간접의문문의 구조:** [의문사+주어+동사] 또는 [**if/whether**+주어+동사(**Yes or No** 의문문인 경우)]
- **명령문:** [명령문, **and** ~]는 '~해라, 그러면', [명령문, **or** ~]는 '~해라, 그렇지 않으면 ~'의 의미이다.

문제로 정리

③ I did expect / expected she would give me a call.   나는 그녀가 나에게 전화할 거라고 정말로 예상했다.

④ Be quiet, and / or the baby will sleep well.   조용히 해라, 그러면 아기는 잘 잘 것이다.

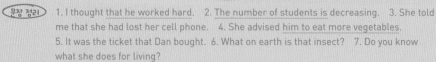

문제로 정리 ① were ② would ③ expect ④ and

문장 정리 1. I thought that he worked hard. 2. The number of students is decreasing. 3. She told me that she had lost her cell phone. 4. She advised him to eat more vegetables. 5. It was the ticket that Dan bought. 6. What on earth is that insect? 7. Do you know what she does for living?

★ 중학 영문법

문법이 쓰기다

3학년

정답 및 해설

서술형
집중훈련

교육 R&D에 앞서가는
Key 키출판사

★ 중학 영문법

문법이 쓰기다

3학년

정답 및 해설

서술형
집중훈련

문법이 쓰기다 서술형 정답과 해설

Unit 01 5형식

Grammar 비교하며 익히기 ····················· p.10

① Dot / quiet
② brilliant / a brilliant boy
③ a doctor / famous
④ a lazy girl / lazy
⑤ honest / a captain

Sentence 비교하며 써보기 ····················· p.11

① kept quiet / kept them quiet
② got upset / made him angry
③ got depressed / made her depressed
④ made me class president / made her happy
⑤ remained silent / left the girl alone
⑥ consider her clever / consider her a hard worker
⑦ made him great / made him my student

수행평가 SENTENCE WRITING

① They made him the coach of the soccer team.
② I found the movie impressive.

> ① [주어+동사+목적어+목적격 보어]의 형태이며, 목적격 보어로 명사를 취하는 문장이다.
> ② 목적격 보어로 형용사를 취하는 문장이다.

서술형 총정리 ············· p.12-13

Grammar Point 기초

became / felt / the doll Pinky / the wall green

Grammar for Writing 문장 쓰기

① kept them quiet
② kept quiet
③ left the girl alone
④ got angry
⑤ made him angry
⑥ made my son famous
⑦ found her a lazy girl
⑧ found her lazy
⑨ considered you an artist
⑩ considered you honest

Grammar for 서술형

✔ 기본

① The man made her depressed.
② I feel better.
③ We found him brilliant.
④ I make her happy.
⑤ I consider the students clever.

✔ 심화

① I keep my room clean.
② People call her an angel.
③ He found the movie impressive.
④ She made him very upset on the bus.
⑤ He made my birthday perfect.
⑥ The man got depressed.
⑦ The man kept his dog quiet.
⑧ It made me sad.

Unit 02 5형식 목적격 보어 비교 I

Grammar 비교하며 익히기 ····················· p.14

① come / to come
② leave / to leave
③ sing / to sing
④ clean / to clean
⑤ go / to go

Sentence 비교하며 써보기 ····················· p.15

① me apologize to her / me to apologize to her
② me take the medicine / me to take the medicine
③ me find a new job / me (to) find a new job
④ his child play the computer game / his child to play the computer game
⑤ him forgive her / him to forgive her
⑥ me to go camping with him / me to go camping with him
⑦ him check my computer / him to check my computer

❶ I saw the car accident happen
❷ didn't allow him to go out

❶ 지각동사 see는 목적격 보어로 동사원형을 취할 수 있다.
❷ 허락을 의미하는 동사 allow는 목적격 보어로 to부정사를 취한다.

서술형 총정리 · p.16-17

Grammar Point 기초

to repair / read

Grammar for Writing 문장 쓰기

❶ I let him come in.
❷ I made him leave early.
❸ I told him to leave early.
❹ I heard him sing.
❺ I wanted him to sing.
❻ I made him laugh.
❼ She had him fix the chair.
❽ She made him happy.
❾ I want you to visit him.
❿ He told you to visit him.

Grammar for 서술형

✔ 기본

❶ He wanted me to clean the office.
❷ She let her child go to the party.
❸ Zoe made me take the medicine.
❹ She persuaded me to apologize.
❺ He asked me to come over to his house.
❻ You made me want to be a better person.

✔ 심화

❶ My boss ordered me to send the email.
❷ I asked him to check my computer.
❸ She allowed us to take a vacation.
❹ My parents expect me to succeed.
❺ She allowed me to go out.
❻ He advised me to get a new job.
❼ He let the children play the computer game.

Unit 03 5형식 목적격 보어 비교 II

Grammar 비교하며 익히기 · · · · · · · · · · · · · p.18

❶ repaired / repairing   ❷ fixed / fixing
❸ done / doing   ❹ called / calling
❺ stolen / stealing

Sentence 비교하며 써보기 · · · · · · · · · · · · · p.19

❶ my face turning / the light turned
❷ the window broken / him breaking the law
❸ him stealing my money / my wallet stolen
❹ this problem solved / him solving the math problem
❺ her name called / him calling her name
❻ my homework done / her doing
❼ my house built / the bird building

❶ Peter noticed her watching him.
❷ I witnessed him breaking into the house.

❶❷ 지각동사 notice, witness는 목적어의 동작이 진행 중임을 강조할 때, 목적격 보어로 현재분사를 취할 수 있다.

서술형 총정리 · p.20-21

Grammar Point 기초

rescued / living

Grammar for Writing 문장 쓰기

❶ She found the car repaired.
❷ She saw him repairing a car.
❸ I got the chair fixed.
❹ I heard someone calling my name.
❺ He saw the bird flying away.
❻ I found the light (being) turned on.
❼ I saw him sitting in a car.
❽ I got my homework done in time.
❾ I saw her doing her homework.
❿ I caught her stealing my watch.

Grammar for 서술형

✔ 기본

❶ I heard my name <u>called</u>.
❷ I have to get it <u>finished</u> by tonight.
❸ She had this problem <u>solved</u>.
❹ I got my house <u>built</u>.
❺ I got my ankle <u>sprained</u> while running.
❻ I found my wallet <u>stolen</u>.

✔ 심화

❶ I heard my friend calling her.
❷ I felt my face turning red.
❸ I get my hair cut every three weeks.
❹ He found the window broken.
❺ I saw my mom writing a diary.
❻ I witnessed him breaking into the house.
❼ I found my leg seriously injured.

PART 2 시제

Unit 01 현재완료 시제의 형태와 쓰임

Grammar 비교하며 익히기 · · · · · · · · · · · · · · · p.24

❶ arrived / have just arrived
❷ visited / have visited
❸ have lived / lived
❹ didn't meet / haven't met
❺ did you go / Have you been

Sentence 비교하며 써보기 · · · · · · · · · · · · · · · p.25

❶ have stayed / have not stayed
❷ has been / Has she been
❸ has met / has not met
❹ have, paid / have not paid
❺ have known / have you known
❻ have seen / Have they seen
❼ has lived / has she lived

수행평가 SENTENCE WRITING

❶ I have not(haven't) seen Tom recently.
❷ I have called him several times
❸ he has never picked up the phone

❶ 현재완료 부정문 [have/has+not+과거분사] 형태를 사용한다.
❷ 현재완료 [have/has+과거분사] 형태를 사용한다.
❸ '전혀 ~해본 적이 없다'는 의미를 내포하는 부사 never를 사용할 수 있다. have(has)와 과거분사 사이에 쓰는 것에 유의한다.

서술형 총정리 · · · · · · · · · · · · · · · · · · p.26-27

Grammar Point 기초

have just phoned / have been / have bought / have lived

Grammar for Writing 문장 쓰기

❶ I arrived at the hotel
❷ I have stayed at the hotel
❸ I visited France
❹ I have visited France
❺ He has lived in Paris
❻ I have known her
❼ I have not cleaned the room
❽ Have they finished
❾ Has she been
❿ I have not been

Grammar for 서술형

✔ 기본

❶ I <u>have met</u> the actor once.
❷ The Korean War <u>broke</u> out in 1950.
❸ She <u>has</u> waited for me for three hours.
❹ I <u>haven't</u> met him since last year.
❺ Have you <u>seen</u> a ghost?
❻ I <u>lived</u> in Paris two years ago.

✔ 심화

❶ I have been outside
❷ I have met the musician
❸ He has broken
❹ I have eaten pasta
❺ He has not arrived
❻ I have, traveled abroad
❼ I have studied math

Unit 02 과거완료 시제의 형태와 쓰임

Grammar 비교하며 익히기 ······················· p.28

❶ washed / had washed
❷ left / had left
❸ lost / had lost
❹ fell / had fallen
❺ ended / had ended

Sentence 비교하며 써보기 ······················· p.29

❶ He left home / had already left
❷ He gave the ring / he had given to her
❸ I met her / I had met her
❹ I finished / I had already finished
❺ My friend said the news / what my friend had said
❻ I woke up late / because I had woken up late
❼ I was / I had been depressed

---

❶ arrived at work in the morning, had broken into the office
❷ I missed the bus, I had woken up late

> ❶❷ 사건 1은 사건 2보다 먼저 발생했으므로 사건 1은 과거완료 시제, 사건 2는 단순과거 시제로 써야 한다.

서술형 총정리 ······················· p.30-31

Grammar Point 기초

went, had, finished

Grammar for Writing 문장 쓰기

❶ I washed the dishes
❷ I had washed the dishes
❸ I left home
❹ you had left home
❺ he came back
❻ I lost my bag
❼ before you phoned me
❽ You phoned me
❾ After I had cleaned my house
❿ Before we arrived there

Grammar for 서술형

✔ 기본

❶ I had met her before
❷ he had already gone
❸ he had given to her
❹ I had already finished my dinner
❺ (that) I had lost
❻ because I had woken up late

✔ 심화

❶ I had been depressed
❷ She had lived in Paris for three years
❸ because I had not studied hard
❹ I had left my coat somewhere
❺ he had never flown before
❻ The bus had already left
❼ his family had already eaten dinner

Unit 03 현재완료진행 시제의 형태와 쓰임

Grammar 비교하며 익히기 ················· p. 32

1. have studied / have been studying
2. have read / have been reading
3. have cleaned / have been cleaning
4. has worked / has been working
5. has painted / has been painting

Sentence 비교하며 써보기 ················· p. 33

1. has waited / has been waiting
2. has, read the book / has been reading the book
3. have fixed his computer / have been fixing his computer
4. have painted my room / have been painting my room
5. has hidden / has been hiding her kittens
6. have, done / have been doing
7. have prepared / have been preparing for the party

수행평가 SENTENCE WRITING

1. She has been watching TV
2. We have been preparing for the party

> 1. 과거(3시)에 TV를 보기 시작해서, 현재(6시)까지도 계속 TV를 보고 있다. 과거의 행동이 현재까지도 계속 진행 중임을 강조하는 현재완료진행 시제(have/has been+동사ing)를 써야 한다.
> 2. 과거에 파티를 준비하기 시작해서 현재까지도 계속 파티를 준비하는 상황이 진행 중이므로 현재완료진행 시제(have/has been+동사ing)를 쓸 수 있다.

서술형 총정리 p. 34-35

Grammar Point 기초

has, been, raining

Grammar for Writing 문장 쓰기

1. You have been studying
2. He has been fixing the car
3. You have been getting
4. He has been working
5. I visited China
6. I have cleaned
7. I have been cleaning
8. He has lived in London
9. I have been working out
10. He has not arrived

Grammar for 서술형

✓ 기본

1. I have been reading the book
2. I have waited
3. He has been fixing my computer
4. I have been painting my room
5. The cat has hidden her kittens
6. He has been sleeping

✓ 심화

1. I have been studying English
2. We have been playing outside
3. I have, read your email
4. She has been doing her homework
5. Brian has been looking for a job
6. I have been waiting for him
7. The baby has been crying

Unit 01 조동사의 쓰임 I

Grammar 비교하며 익히기 · p.38

❶ may / can't
❷ could / might
❸ must / can't
❹ may / must
❺ can / Could

Sentence 비교하며 써보기 · p.39

❶ can manage / can go to the party
❷ can go back home / could go back home
❸ must be helpful / can't be helpful
❹ can leave here / may leave here
❺ May I ask you / may rain later
❻ must be sad / should be safe
❼ will be able to / was not able to

수행평가 SENTENCE WRITING

❶ could   ❷ must   ❸ Could

❶ 시점이 과거(last night)이므로 can의 과거형 could를 쓴다.
❷ must는 '~임이 틀림없다', might는 '~일지도 모른다'의 뜻이다. 이어지는 문장에서 Jane(her)을 매우 잘 안다고 했으므로 문맥상 확실한 추측을 나타내는 must가 적절하다.
❸ 정중하게 물어보거나 부탁할 때는 Could you~?로 표현할 수 있다.

서술형 총정리   p.40-41

Grammar Point 기초

나는 물고기처럼 수영할 수 있다.
너는 오늘 밤 일찍 떠나도 된다.
여름에 그렇게 추울 리가 없다.

Grammar for Writing 문장 쓰기

❶ I could go back home
❷ You can use
❸ It must be
❹ You may stay here
❺ She can't be at home
❻ They may be there
❼ He could come
❽ He might come
❾ It may rain later
❿ Could you help me

Grammar for 서술형

✔ 기본

❶ We could see the show together.
❷ He can manage the situation by himself.
❸ You must be tired after the trip.
❹ It can't be helpful to you.
❺ We will be able to find your bike.
❻ You may leave me now.

✔ 심화

❶ Any child can grow up
❷ You must be exhausted
❸ It must be very cold
❹ Everybody was able to
❺ Could you do me
❻ I can go to the party
❼ I couldn't sleep

Unit 02 조동사의 쓰임 II

Grammar 비교하며 익히기 · p.42

❶ must come / must not come
❷ should get / ought to get
❸ better go / must
❹ ought to meet / ought not to meet
❺ should take / take

Sentence 비교하며 써보기 · p.43

❶ She should not(shouldn't) go jogging today.
❷ He ought not to drive now.
❸ She has to study today.
❹ He should take a medicine.
❺ You had better not touch anything in this room.
❻ The doctor suggested that he (should) stop eating chocolate.

❶ We had better stop for gas soon because the tank is almost empty.
❷ You should finish your homework before you go out.

> ❶ had better는 '~하는 것이 낫다'는 충고의 표현이다.
> ❷ '~해야 한다'는 의무의 표현은 조동사 should를 써서 나타낼 수 있다.

서술형 총정리   p.44-45

Grammar Point 기초

They must wear their uniform.
They should wear their uniform.
They had better wear their uniform.

Grammar for Writing 문장 쓰기

❶ You must finish this project
❷ You have to finish this project
❸ You had better not change
❹ They must do something
❺ You should speak to him
❻ You must go back
❼ We ought to meet
❽ We ought not to meet
❾ You had better take
❿ he (should) take a rest

Grammar for 서술형

✔ 기본

❶ They had better not keep the contract.
❷ I must go there tonight.
❸ She should not go jogging today.
❹ You ought not to tell him about it.
❺ You had better go to bed earlier.
❻ You should apologize to him.

✔ 심화

❶ You should be at school before 8:30.
❷ You had better go home early and get some rest.
❸ You should not(shouldn't) touch anything in this room.
❹ You must not tell a lie to me.
❺ You had better leave now.

❻ The doctor suggested that he (should) stop eating chocolate.
❼ We must pass through the desert.

Grammar 비교하며 익히기 ·········· p.46

❶ may try / may have tried
❷ must be / must have been
❸ cannot arrive / cannot have arrived
❹ could hit / could have hit
❺ might be / might have been

Sentence 비교하며 써보기 ·········· p.47

❶ She must have gone to the party. / She can't have gone to the party.
❷ I should have told him. / I should not(shouldn't) have told him.
❸ He can't have gone there with her. / He could have gone there with her.
❹ She might have met him yesterday. / She should have met him yesterday.
❺ He should not have lied to her. / He can't have lied to her.
❻ He may have left his phone at home. / He must have left his phone at home.
❼ She might have had no money. / She must have been rich then.

틀린 문장: ④
고쳐 쓰기: He might have forgotten that we have this meeting today.

> '~했을지도 모른다(과거에 대한 약한 추측)'의 의미를 갖는 [might have+과거분사]의 형태로 써야 한다.

서술형 총정리 p.48-49

Grammar Point 기초

can't have done
could have done
should have done

Grammar for Writing 문장 쓰기

❶ He may try to call
❷ He may have tried to call
❸ She must have gone
❹ She can't have gone
❺ I should have told
❻ I should not(shouldn't) have told
❼ I could have hit
❽ She cannot arrive
❾ She must have been
❿ It might have been

Grammar for 서술형

✔ 기본

❶ She must <u>have been</u> sick.
❷ I should not <u>have lied</u> to her.
❸ He might <u>have</u> left his phone at home.
❹ But it <u>could</u> have been better.
❺ She must <u>have</u> stayed at home.
❻ She might have <u>worked</u> late.

✔ 심화

❶ I should have met her yesterday.
❷ She might have gone to the movie theater.
❸ He could have spent more time (in/on) practicing.
❹ The situation was bad, but it could have been worse.
❺ He must have made a mistake.
❻ I should have thought more about it.
❼ She might have had no money.

PART 4 수동태

Unit 01 수동태

Grammar 비교하며 익히기 p.54

❶ have, finished / has, been finished
❷ found / was found
❸ speak English / English is spoken
❹ made / was made
❺ has checked / have been checked

Sentence 비교하며 써보기 p.55

❶ was broken by John yesterday
❷ isn't used very often
❸ were used in the class
❹ is being repaired
❺ has just been made
❻ was built in 1930

수행평가 SENTENCE WRITING

❶ The computer has just been repaired.
❷ Jane was not(wasn't) invited.
❸ The house is being built.

> ❶ 수동태의 현재완료 시제는 [has been+과거분사]를 쓴다.
> ❷ 수동태의 단순과거 시제는 [was+과거분사]를 쓴다.
> ❸ 수동태의 현재진행 시제는 [is+being+과거분사]를 쓴다.

서술형 총정리 p.56-57

Grammar Point 기초

are delivered / were delivered

Grammar for Writing 문장 쓰기

❶ I finished my homework
❷ My homework must be finished
❸ I speak English
❹ English is spoken
❺ He makes
❻ The shoes were made
❼ The books are used
❽ The books are being used
❾ is being repaired
❿ has just been made

Grammar for 서술형

✔ 기본

❶ This house was built by my uncle last year.
❷ Our dinner is always cooked by the cook.
❸ My room was cleaned by my mom.
❹ He is being chased by a dog.
❺ The report is being prepared.
❻ Personal computers have been improved a lot.

✔ 심화

❶ have been checked
❷ The game has been cancelled
❸ Many songs have been composed
❹ Two hundred people were employed
❺ Many accidents are caused
❻ The window was broken
❼ The key was found

Unit 02 4형식 문장의 수동태

Grammar 비교하며 익히기 · · · · · · · · · · · · · · · · p.58

❶ gave / was given
❷ offered / was offered
❸ showed / were shown
❹ bought / was bought
❺ asked / was asked

Sentence 비교하며 써보기 · · · · · · · · · · · · · · p.59

❶ told me the secret / was told to me
❷ I bought my mom / was bought for my mom
❸ The company offered Jason / was offered the job
❹ She gave me / A big smile was given to me
❺ Jane sent me / was sent to me
❻ My aunt made me / A birthday cake was made for me
❼ He showed me / The paintings were shown to me

수행평가 SENTENCE WRITING

❶ was sent to Jane
❷ was shown to me
❸ was given it

> ❶ [직접목적어+be동사+과거분사+to 간접목적어] 형태의 수동태 문장이다.
> ❷ [직접목적어+be동사+과거분사+to 간접목적어] 형태의 수동태 문장이다.
> ❸ [간접목적어+be동사+과거분사+직접목적어] 형태의 수동태 문장이다.

서술형 총정리 p.60-61

Grammar Point 기초

❶ were taught English by the professor
❷ was taught to the students by the professor

Grammar for Writing 문장 쓰기

❶ was sold to Dan
❷ was given to everyone
❸ was offered to me
❹ was taught to the kids
❺ were taught Spanish
❻ was given a nice dress
❼ was sent to Jane
❽ were shown to him
❾ was bought for him
❿ was told to me

Grammar for 서술형

✔ 기본

❶ I was given a ring on my birthday.
❷ A bunch of flowers was bought for my mom.
❸ The paintings were shown to me.
❹ A big cake was made for the children.

⑤ I <u>was given</u> a big smile.
⑥ I <u>was offered</u> the job.

✔ 심화

① you were given a list of exercises
② scarf was given to Erin
③ given a chance to work here
④ French was taught
⑤ it was shown to me
⑥ The job was offered to Jason.
⑦ A ring was bought for her.

Unit 03 5형식 문장의 수동태

Grammar 비교하며 익히기 ·················· p.62

① was considered a nice worker
② is called the Big Apple
③ has been painted blue
④ was seen to enter
⑤ was seen driving

Sentence 비교하며 써보기 ·················· p.63

① She made me clean up / I was made to clean up
② The woman asked him / He was asked to be quiet
③ My friends made my birthday / My birthday was made perfect
④ I heard someone / Someone was heard singing
⑤ I saw the man / The man was seen to enter
⑥ The dog made this room / This room was made messy
⑦ The teacher saw her / She was seen practicing the piano

수행평가 SENTENCE WRITING

① Peter was elected the captain of our team.
② Jane was seen singing on the stage.

---

① 5형식 문장의 수동태 전환 시 목적격 보어가 명사이면 [be동사+과거분사] 뒤에 그대로 쓴다.
② 5형식 문장의 수동태 전환 시 목적격 보어가 현재분사일 때, [be동사+과거분사] 뒤에 그대로 쓴다.

서술형 총정리 ·················· p.64-65

Grammar Point 기초

was seen to ride a skateboard (by people) /
was elected class president (by us)

Grammar for Writing 문장 쓰기

① New York is called
② He was seen to
③ You were made to cook
④ My birthday was made perfect
⑤ Someone was heard singing
⑥ He was considered
⑦ His dog was called
⑧ She was seen driving
⑨ It has been painted
⑩ The fence has been painted blue

Grammar for 서술형

✔ 기본

① The man saw me enter the science laboratory.
② My dad made him repair the door.
③ We elected Peter the captain of our team.
④ Many people saw Jane singing on the stage.
⑤ She made me clean up the table.
⑥ The woman asked him to be quiet.

✔ 심화

① I was made to clean up the table.
② She was seen to enter the school.
③ We were asked to join the science club.
④ He was forced to leave.
⑤ I was expected to arrive on time.
⑥ The man wasn't allowed to go out late at night.
⑦ I was made to tell the truth to everyone.

문법이 쓰기다 서술형 정답과 해설

Unit 04 여러 가지 수동태

Grammar 비교하며 익히기 · · · · · · · · · · · · · · · p.66

❶ threw away / were thrown away by my mom
❷ looked after / was looked after by the woman
❸ send, away / be sent away to school
❹ is based on / was based on
❺ is crowded with / was crowded with

Sentence 비교하며 써보기 · · · · · · · · · · · · · · · p.67

❶ Our vacation was put off due to the bad weather.
❷ The topic was talked about by the members.
❸ Peter's sick grandmother was looked after by Jane.
❹ He was caught up with by the police officer.
❺ Electricity was cut off for a few hours.
❻ I was disappointed with the ending of the film.
❼ The basket was filled with apples and grapes.

수행평가 SENTENCE WRITING

❶ was given a nice shirt
❷ was dressed in
❸ was covered with dirt

> ❶ 4형식 동사(give)가 쓰인 수동태 문장이다.
> ❷ 수동태 문장에서 전치사 by 이외에 in이 쓰인 경우이다.
> ❸ be covered with는 '~로 덮여 있다'의 의미이다.

서술형 총정리 p.68-69

Grammar Point 기초

was broken into / be sent away

Grammar for Writing 문장 쓰기

❶ Jen threw away
❷ was thrown away
❸ takes care of him
❹ He is taken care of
❺ I turned off
❻ was turned off
❼ It is crowded with
❽ I am interested in
❾ It is filled with
❿ I was disappointed with

Grammar for 서술형

✔ 기본

❶ The doll was taken out of the big box.
❷ The words were written down by the students.
❸ He was caught up with by the police.
❹ Electricity was cut off for a few hours.
❺ The topic was talked about by the members.
❻ The basket was filled with apples and grapes.

✔ 심화

❶ We were surprised by the loud noise.
❷ I was worried about the math test.
❸ The museum will be crowded with people.
❹ The boy is covered with dirt after playing outside.
❺ Trees are cut down to make paper.
❻ The light was turned on.
❼ My vacation was put off due to the accident.

PART 5 to부정사·동명사

Unit 01 to부정사의 명사적 용법, 형용사적 용법

Grammar 비교하며 익히기 · · · · · · · · · · · · · · · p.72

❶ to pass / to pass
❷ to be an astronaut / to be with you
❸ for me to say / of you to say
❹ things to do / to do something
❺ friends to help him / to help others

Sentence 비교하며 써보기 · · · · · · · · · · · · · · · · · p.73

1. It may be dangerous to swim in that river.
2. He has the ability to complete the task.
3. It is impossible for me to finish it by tonight.
4. My goal is to get an A on the math test.
5. It was not easy for him to understand the poem.
6. It takes some time for him to save money.

수행평가 SENTENCE WRITING

1. sitting → sit
2. you → for you
3. him → of him

---

1. to부정사가 chairs를 수식하는 구조이다(형용사적 용법). to부정사는 to 뒤에 동명사가 아닌 동사원형이 와야 한다.
2. 일반적으로 to부정사의 의미상의 주어는 [for + 목적격] 형태이므로 you를 for you로 써야 한다.
3. [성격 표현 형용사+of+목적격+to부정사]의 구조가 되어야 하므로, him을 of him으로 써야 한다.

서술형 총정리   p.74-75

Grammar Point 기초

팔기로 결정했다 / 팔 결정을 내렸다

Grammar for Writing 문장 쓰기

1. to pass the exam
2. To pass the exam
3. to pass the exam
4. me to pass the exam
5. of you to help them
6. a lot of things to do
7. something to eat
8. a reason to change the plan
9. a plan to travel
10. no friends to help him

Grammar for 서술형

✔ 기본

1. It was easy for us to read along with him.
2. We decided to travel abroad together.
3. My goal is to get an A on the math test.

4. It was brave of him to save the girl.
5. It was not easy to understand the poem.
6. It is important for you to exercise regularly.

✔ 심화

1. for me to finish it by tonight
2. hard for me to say sorry
3. the only friend to help me
4. He has the ability to complete
5. It's generous of you to share
6. not easy to learn a new language
7. to take a trip together

Unit 02 to부정사의 부사적 용법

Grammar 비교하며 익히기 · · · · · · · · · · · · · · · · · p.76

1. to buy that car / to buy that car
2. to pass the exam / to pass the exam
3. to get up early / to get up
4. to travel to Italy / to travel to Italy
5. to get an A / to get there

Sentence 비교하며 써보기 · · · · · · · · · · · · · · · · · p.77

1. to be the best dancer in the world / to be the best dancer in the world
2. to hear the good news / to hear the good news
3. to learn English online / to learn English
4. to make such a mistake / to make a mistake
5. to ask me for some money / to ask some questions
6. not to wake the baby / not to wake the baby
7. to invite them to the party / to invite them to the party

수행평가 SENTENCE WRITING

1. want to visit many countries
2. to prepare myself
3. to be a pilot

❶ want는 to부정사를 목적어로 취한다. (to부정사의 명사적 용법)

❷ 명사절 안의 진주어로 쓰인 to부정사이다. (to부정사의 명사적 용법)

❸ '～하기 위하여' 목적의 의미를 가지는 to부정사이다. (to부정사의 부사적 용법)

서술형 총정리   p.78-79

Grammar Point 기초

만나기 위해 / 되었다 / 하다니, 틀림없다 / 승리해서 매우 행복했다

Grammar for Writing 문장 쓰기

❶ to buy a ticket
❷ hard to pass the exam
❸ early to jog
❹ to Japan to visit her
❺ not to wake you
❻ to get a job
❼ to hear the news
❽ to buy that car
❾ diligent to get up
❿ to be the best dancer

Grammar for 서술형

✔ 기본

❶ I spent much time in order to complete it.
❷ I got up early so as to attend the class.
❸ I bought a tablet PC in order to learn English online.
❹ I will send emails so as to invite them to the party.
❺ She did her best so as not to lose the race.

✔ 심화

❶ not to be late
❷ to hear the good news
❸ in order to see my uncle off
❹ in order not to make a mistake
❺ to protect my property
❻ to resemble his father
❼ to catch the train
❽ to the lake to fish

Unit 03 동명사 vs. to부정사

Grammar 비교하며 익히기 · · · · · · · · · · · · · · · · · · · p.80

❶ going / to go
❷ talking / to talk
❸ getting up / to get up
❹ meeting / to meet
❺ moving / to move

Sentence 비교하며 써보기 · · · · · · · · · · · · · · · · · p.81

❶ feeding the baby birds / to feed the baby birds
❷ reading detective stories / to read detective stories
❸ to study abroad / studying abroad
❹ purchasing the expensive car / to purchase the expensive car
❺ cleaning up her own room / to clean up her own room
❻ seeing her / to see her tomorrow
❼ to leave / leaving

수행평가 SENTENCE WRITING

(①) We expected to arrive on Saturday morning.
(②) Jane suggested going for a walk together.

❶ expect는 to부정사를 취하는 동사이므로 expected to arrive가 되어야 한다.

❷ suggest는 동명사를 취하는 동사이므로 suggest going이 되어야 한다.

서술형 총정리   p.82-83

Grammar Point 기초

going / to go / practicing / to practice

Grammar for Writing 문장 쓰기

❶ is good for your health
❷ is taking care of animals
❸ enjoy singing
❹ want to sing
❺ to talk to my boss
❻ talking to my boss
❼ getting up early
❽ to get up early

⑨ feeding the baby birds
⑩ traveling around the world

Grammar for 서술형

✔ 기본

❶ She enjoys <u>traveling</u> from place to place.
❷ I decided <u>to find</u> a new job.
❸ They agreed <u>to accept</u> the offer.
❹ I expected <u>to see</u> him at the conference.
❺ She suggested <u>going</u> to the movies.

✔ 심화

❶ purchasing the expensive car
❷ remember to see her tomorrow
❸ leaving the lid off
❹ to leave tomorrow
❺ chatting in class
❻ calling you last night
❼ meeting her
❽ studying abroad

Unit 04 to부정사 구문과 동명사 관용표현

Grammar 비교하며 익히기 ·················· p.84

❶ too / early enough   ❷ slowly / enough to win
❸ busy / hard enough   ❹ cannot help / was busy
❺ feel like / look forward to

Sentence 비교하며 써보기 ·················· p.85

❶ The weather was too hot to go out.
❷ I was so sleepy that I couldn't pay attention to my teacher.
❸ The software is too complex for him to use.
❹ The hall is so large that it can accommodate many people.
❺ He is smart enough to teach us math.
❻ I had trouble finding a new job.

수행평가 **SENTENCE WRITING**

❶ The shoes were so small that I couldn't wear them.
❷ The car is too expensive (for me) to buy.

> ❶ [so ~ that … can't] 어구를 활용해 신발이 너무 작아서 신을 수 없다는 내용이 되도록 문장을 만들 수 있다.
> ❷ [too ~ to] 어구를 활용해서 그 차가 너무 비싸서 살 수 없다는 내용이 되도록 문장을 만들 수 있다.

서술형 총정리   p.86-87

Grammar Point 기초

too, to lift / enough to lift

Grammar for Writing 문장 쓰기

❶ too late to enter
❷ enough to enter
❸ ran too slowly to win
❹ is too busy to go to
❺ worked hard enough to
❻ good enough to
❼ busy working at the office
❽ had trouble writing
❾ feel like going to
❿ look forward to going to

Grammar for 서술형

✔ 기본

❶ He is so honest that he <u>cannot</u> tell a lie.
❷ The weather was <u>too hot</u> to go out.
❸ I was so sleepy that I <u>couldn't</u> pay attention to him.
❹ She is <u>strong enough</u> to move the table.
❺ I am <u>busy preparing</u> dinner.
❻ There is no use <u>talking</u> to him again.

✔ 심화

❶ He was far from being
❷ I cannot help thinking
❸ too expensive for me to buy
❹ so small that I couldn't wear them
❺ enough to understand easily
❻ too salty for me to eat
❼ so loud that I couldn't sleep well

Unit 01 분사 형태와 쓰임

Grammar 비교하며 익히기 ·················· p.90

❶ smiling / smiling
❷ broken / broken
❸ fixing / fixed
❹ surprising / surprised
❺ interesting / interested

Sentence 비교하며 써보기 ·················· p.91

❶ Falling snow / A fallen tree
❷ saw him hiding / the treasure hidden
❸ This vest knitted / knitting the vest
❹ They were bored / math class so boring
❺ a very confusing story / She was confused
❻ most depressing story / I felt depressed
❼ an interesting book / I am interested

수행평가 SENTENCE WRITING

❶ bored → boring
❷ confusing → confused
❸ locking → locked

> ❶ 이 이야기(this story)는 지루한 감정을 유발하므로 현재분사를 써야 한다.
> ❷ 주체(he)가 당황한 감정을 느낀다고 해야 자연스러우므로 과거분사를 사용해서 표현한다.
> ❸ 수식하는 명사(door)와 수동 관계이기 때문에 과거분사 형태인 locked를 쓴다.

서술형 총정리 p.92-93

Grammar Point 기초

crying / trained / washing

Grammar for Writing 문장 쓰기

❶ The smiling boy
❷ The boy wearing jeans
❸ stood smiling
❹ has a broken window
❺ The broken window
❻ the window fixed
❼ the surprising news
❽ I was frightened

❾ him running fast
❿ an interesting person

Grammar for 서술형

✔ 기본

❶ <u>Falling</u> snow looks pretty.
❷ The police saw him <u>hiding</u> the evidence.
❸ They were <u>bored</u> during the math class.
❹ I read an <u>interesting</u> book about science.
❺ It was a very <u>confusing</u> story.

✔ 심화

❶ His confusing lesson gave me a headache.
❷ I was satisfied with the meal.
❸ The pirate kept the treasure hidden.
❹ Why is every math class so boring?
❺ I felt depressed yesterday.
❻ Look at the girl talking loudly over there.
❼ They couldn't cross over a fallen tree.
❽ Look at the boy washing the dishes.

Unit 02 분사구문의 형태

Grammar 비교하며 익히기 ·················· p.94

❶ Being / He being
❷ Approaching / He approaching
❸ She playing / playing
❹ Folding / folded
❺ Strictly speaking / Considering

Sentence 비교하며 써보기 ·················· p.95

❶ it is written in English / (Being) Written in English, the story is not easy to understand.
❷ he arrived late at night / Arriving late at night, he was very tired.
❸ he was making jokes / He making jokes, I laughed a lot.

④ I was worried about my mom / (Being) Worried about my mom, I ran to the hospital.

⑤ he finished the TV show / Finishing the TV show, he started to prepare dinner.

⑥ he was singing a song / He singing a song, she danced.

⑦ was taking a shower / He taking a shower, I waited at the door.

수행평가 SENTENCE WRITING

① Walking to the lake, they whistled.
② Nodding his head, he read a book.
③ Weather permitting, we will go swimming tomorrow.

> ①② 분사구문으로 바꿀 때, 부사절과 주절의 주어가 일치하면 주어를 생략할 수 있다.
> ③ 'Weather permitting ~'은 부사절의 주어(Weather)가 주절의 주어(we)와 달라서 생략되지 않은 분사구문의 형태이다.

서술형 총정리
p.96-97

Grammar Point 기초

Walking along the lake / She watching TV

Grammar for Writing 문장 쓰기

① Winning the match
② The team winning the match
③ Arriving late at night
④ Having no money
⑤ Feeling tired
⑥ Walking along the street
⑦ Watching TV
⑧ He making jokes
⑨ Listening to music

Grammar for 서술형

✔ 기본

① He having arrived late, we couldn't take a seat.
② Approaching him, she felt nervous.
③ He taking a shower, I waited at the door.
④ He was standing there, feeling the wind blow.

⑤ It being nice, we went swimming.
⑥ Folding the cards, he prepared the party.

✔ 심화

① Considering the situation, I need more time.
② Strictly speaking, it is not free.
③ Listening to music, I ran on the treadmill.
④ She playing the piano, I clapped.
⑤ He listened to music with his arms folded.
⑥ He singing a song, she danced.
⑦ (Being) Worried about my mom, I ran to the hospital.

Unit 03 분사구문의 의미

Grammar 비교하며 익히기 ······ p.98

① 버스를 타면 / 음악을 들으면서
② 아파서 / 신입이지만
③ 열심히 공부했기 때문에 / 길을 잃어서
④ 늦으면 / 그 거미를 봤을 때
⑤ 그가 날 도와줬지만 / 샤워를 한 후에

Sentence 비교하며 써보기 ······ p.99

① When they saw the scene, they began to laugh.
② If you take a taxi, you will arrive there on time.
③ Because she arrived late, she sat in the back row.
④ As I was exhausted by the work, I didn't go there.
⑤ When I opened the door, she was listening to the radio.
⑥ Because she wants to become a lawyer, she studies hard.

수행평가 SENTENCE WRITING

① I washing the dishes, she talked to me.
② Having lots of work to do, she didn't want to go to the party.
③ (Being) Left alone, your dog might bark loudly.

❶ 부사절의 동사는 현재분사 [동사원형+ing(washing)]로 바뀌고, 접속사는 생략, 주어는 유지하는 분사구문이다.
❷ 부사절 동사가 현재분사 [동사원형+ing(having)]로 바뀌고 접속사, 주어 모두 생략된 분사구문이다.
❸ 부사절 동사인 is는 현재분사인 Being으로 바뀌는데, 이때 Being이 생략되고 과거분사인 Left만 남을 수 있다.

서술형 총정리   p.100-101

Grammar Point 기초

When I lived next door / Although I lived next door

Grammar for Writing 문장 쓰기

❶ Taking a shower
❷ Nobody wanting to tell the truth
❸ Opening the door
❹ Listening to music
❺ Putting on his shoes

❻ Washing the dishes
❼ Washing the dishes
❽ Having lots of work to do
❾ (Being) Washed at the wrong temperature

Grammar for 서술형

✔ 기본

❶ When he saw the scene, he began to laugh.
❷ While we were having dinner, we chatted a lot.
❸ When he saw the spider, he jumped in fright.
❹ Because she arrived late, she sat in the back row.
❺ As I was exhausted by the work, I didn't go there.
❻ If you turn to the right, you will see the school.

✔ 심화

❶ He watching TV, his wife drank coffee.
❷ Having enough money, I couldn't go shopping.
❸ Taking a taxi, you will arrive there on time.
❹ Wanting to become a lawyer, she studies hard.
❺ I opening the door, she was listening to the radio.
❻ Being sad, he smiled.
❼ Shouting loudly, she ran toward him.

PART 7   접속사

Unit 01   부사절 접속사

Grammar 비교하며 익히기 ·········· p.106

❶ until / While
❷ Since / Since
❸ As / so that
❹ because / As soon as
❺ Although / If

Sentence 비교하며 써보기 ·········· p.107

❶ While / While I was studying
❷ As soon as / As soon as he saw her
❸ Although / Although she is rich
❹ Even though / Even though we fought a lot

❺ so that / so that I can sleep more
❻ As soon as / As soon as I got off the bus

수행평가 SENTENCE WRITING

❶ 나는 바닥을 쓸면서 노래를 불렀다.
❷ 나는 아팠기 때문에 나갈 수 없었다.
❸ 그가 그곳에 없었기 때문에 나는 메시지를 남겼다.
❹ 일을 시작한 이래로 나는 줄곧 바빴다.

❶ 문맥상 as는 '～하면서'로 해석할 수 있다.
❷ 문맥상 as는 '～때문에'로 해석할 수 있다.
❸ 문맥상 since를 '～때문에'로 해석할 수 있다.
❹ 문맥상 since를 '～이래로'로 해석할 수 있다.

Grammar Point 기초

had dinner after she came home

Grammar for Writing 문장 쓰기

❶ While I was talking
❷ As soon as I finish work
❸ Since I have a meeting
❹ Since I was young
❺ because I was sick
❻ until I get ready
❼ When I saw him
❽ if you want
❾ Unless it rains
❿ Even though they're poor

Grammar for 서술형

✔ 기본

❶ If I ask him to stay, he won't leave tonight.
❷ When he was 10, he passed the exam.
❸ While I was studying, I ate some snacks.
❹ I don't eat breakfast so that I can sleep more.
❺ As soon as I got off the bus, I ran to school.
❻ You don't need to come unless you want to.

✔ 심화

❶ Unless you stop eating too much
❷ whereas I hate it
❸ Even though we fought a lot
❹ Since she borrowed my money
❺ unless it takes too long
❻ As soon as he saw her
❼ Since he was not there

Unit 02 상관접속사

Grammar 비교하며 익히기 · · · · · · · · · · · · · · · · · · p.110

❶ both / Both
❷ neither / Either
❸ Both / Neither
❹ or / nor
❺ studies / studies

Sentence 비교하며 써보기 · · · · · · · · · · · · · · · · · · p.111

❶ Either you or I / either New York or Boston
❷ not only tastes good but also looks great / not only beautiful but also smart
❸ Both English and science are / both meaningful and interesting
❹ neither coffee nor beer / Neither she nor I like
❺ He as well as she participated in / as well as watching TV
❻ either tonight or tomorrow / either now or after lunch
❼ not only handsome but also kind / Not only you but also he has

수행평가 SENTENCE WRITING

❶ either A or B
　영문장 → Either he or she will come to help me. /
　우리말 → 그나 그녀가 나를 도와주러 올 것이다.
❷ B as well as A
　영문장 → An elevator is convenient as well as fast. /
　우리말 → 엘리베이터는 빠를 뿐만 아니라 편리하기까지 하다.

---

❶ 주어진 문장은 그나 그녀가 온다는 의미이므로 상관접속사 [either A or B(A와 B 둘 중 하나)]를 사용하는 것이 적절하다.
❷ 주어진 문장은 상관접속사 [not only A but also B]가 쓰였으므로 상관접속사 [B as well as A(A뿐 아니라 B도)]를 사용하는 것이 적절하다. 이때 A와 B의 위치 변화에 유의한다.

Grammar Point 기초

Both she and I / Not only she but also I / Either Zoe or she / Neither she nor you

Grammar for Writing 문장 쓰기

❶ Both Zoe and I
❷ both bacon and eggs
❸ not only handsome but also
❹ Not only you but also he
❺ He as well as you
❻ Either you or Zoe
❼ either tonight or tomorrow
❽ neither meat nor chicken
❾ Neither you nor Susan knows
❿ Both Jake and Anna like

Grammar for 서술형

✔ 기본

❶ Not only he but also I heard someone yell outside.
❷ Either you or I have to take care of her.
❸ He drinks neither coffee nor beer.
❹ He as well as she participated in the new project.
❺ Both Zoe and I are going to go camping.
❻ She is now in either New York or Boston.

✔ 심화

❶ reading books as well as watching movies
❷ Either he or she will come
❸ Both English and science are my favorite
❹ Neither she nor I like
❺ not only fast but also convenient
❻ Both he and his father like
❼ either now or after lunch

PART 8 관계사

Unit 01 관계대명사 I

Grammar 비교하며 익히기 · · · · · · · · · · · · · · · p.116

❶ who / which   ❷ whose / whose
❸ who(m) / which   ❹ who(m) / whose
❺ who / which

Sentence 비교하며 써보기 · · · · · · · · · · · · · · p.117

❶ We will take the train which leaves in an hour.
❷ I met a girl whose father was a famous actor.
❸ Joan works for a company which makes furniture.
❹ I helped a woman whose car broke down.
❺ I know a woman who complains about everything.
❻ I like my friend, who knows how to save money.
❼ Our car, which was stolen, was found by the police officer.

수행평가 SENTENCE WRITING

❶ I read an article, which was based on prejudice.
❷ The cafe, which serves the best coffee in town, has recently been closed.

> ❶ 선행사(an article)에 대한 추가적인 설명을 하기 위해 관계대명사(which) 계속적 용법을 사용해서 한 문장으로 만들 수 있다.
> ❷ 선행사(the cafe)에 대한 추가적인 설명을 하기 위해 관계대명사(which) 계속적 용법을 사용해서 한 문장으로 만들 수 있다.

서술형 총정리 · · · · · · · · · · · · · · · · · · p.118-119

Grammar Point 기초

who is singing over there / which I hate the most

Grammar for Writing 문장 쓰기

① who lives alone
② who was injured
③ who(m) you know
④ who(m) he also likes
⑤ who sang the song
⑥ who won the race
⑦ which were new to us
⑧ whose(of which) writer was unknown
⑨ which no one could catch
⑩ which I read yesterday

Grammar for 서술형

✔ 기본

① We will take the train <u>which</u> leaves in an hour.
② He is a singer <u>whose</u> song became very popular.
③ You are the one <u>who</u> ate my sandwich.
④ I helped a woman <u>whose</u> car broke down.
⑤ I like my friend, <u>who</u> knows how to save money.

✔ 심화

① whose name I have forgotten
② which was stolen
③ someone who loves me
④ which was held in May
⑤ The visitors who(m) you were waiting
⑥ The waitress who served us
⑦ I know a woman who complains
⑧ who is my science teacher

Unit 02 관계대명사 II

Grammar 비교하며 익히기 ······ p.120

① that / What
② that / what
③ that / what
④ that / what
⑤ which / who

Sentence 비교하며 써보기 ······ p.121

① that we all respect / send what
② that I have ever seen / what we will discuss today
③ that glitters is not gold / What we know
④ which was expensive / what you wanted to read
⑤ that lost their parents / what you said
⑥ that I was looking for / what she suggested
⑦ that makes me happy / what I want to buy

수행평가 SENTENCE WRITING

(②) that → who   (③) what → that(which)

② 관계대명사 that은 사람, 사물을 모두 선행사로 취하지만, 계속적 용법에서는 쓰일 수 없다. 따라서 사람을 선행사로 하는 관계대명사 who로 바꾸어야 한다.

③ 선행사(a list of things)가 있으므로 관계대명사 that 또는 which가 적절하다. 관계대명사 what은 항상 선행사가 없으므로 유의한다.

서술형 총정리 ······ p.122-123

Grammar Point 기초

that / that / what / which

Grammar for Writing 문장 쓰기

① that / A doctor is a person that
② what / What she said
③ that / He found the keys that
④ that / that you want to know
⑤ which / which is red
⑥ what / what I saw
⑦ what / what I was going to say
⑧ what / what you wanted to read
⑨ that / that I have
⑩ what / what you need

Grammar for 서술형

✔ 기본

① This is my laptop, which I will lend you.
② I wrote this book, which is now a bestseller.

❸ All athletes that we know want to win the competition.

❹ All that glitters is not gold.

❺ I couldn't understand what you said.

✓ 심화

❶ who takes the math class with me

❷ what she suggested

❸ what I was looking for

❹ what I enjoy eating

❺ the cellphone that you have

❻ What my father bought

❼ what makes her happy

❽ that makes her happy

Unit 03 관계부사

Grammar 비교하며 익히기 ⸳⸳⸳⸳⸳⸳⸳⸳⸳⸳⸳⸳⸳⸳⸳⸳⸳⸳⸳⸳ p. 124

❶ a shop where / a nice place where

❷ the day when / at noon, when

❸ how it works / how he treats me

❹ why they were here / why I got upset

❺ the city where / Busan, where

Sentence 비교하며 써보기 ⸳⸳⸳⸳⸳⸳⸳⸳⸳⸳⸳⸳⸳⸳⸳⸳⸳⸳⸳ p. 125

❶ which you study / Tell me how you study.

❷ We will miss the days on / We will miss the days when you hung out with us.

❸ you know the reason for / Now you know the reason why I don't like spiders.

❹ This is the city in / This is the city where I was born.

❺ for which it happened / The police officer told me the reason why it happened.

❻ then he wasn't home / I visited John at noon, when he wasn't home.

❼ She often went to the park / She often went to the park, where she got ice cream.

❶ where I can buy ❷ why it has been closed

❶ 선행사가 장소를 나타내므로 관계부사 where를 쓴다.
❷ 선행사가 이유를 나타내므로 관계부사 why를 쓴다.

서술형 총정리 p. 126-127

Grammar Point 기초

where / when / why / how

Grammar for Writing 문장 쓰기

❶ how / how it works

❷ why / why I got upset

❸ which / which I was born

❹ when / when he wasn't home

❺ which / which you can buy it

❻ where / where he was born

❼ which / which we can go

❽ when / when we met each other

❾ which / which I can't go

❿ which / which it operates

Grammar for 서술형

✓ 기본

❶ The police officer told me the reason why it happened.

❷ This is the city in which I was born.

❸ I know a place where we can stay.

❹ I visited him at noon, when he wasn't home.

❺ I told her the day on which he will come back.

❻ This is the way he solved it.

✓ 심화

❶ how it works

❷ I told him how he could go

❸ why I don't like spiders

❹ how you study

❺ where the company was located

❻ where she got ice cream

❼ when everyone has to be seated

Unit 01 가정법

Grammar 비교하며 익히기 · · · · · · · · · · · · · · · · · p.130

❶ visit / have visited
❷ go / have gone
❸ see / have seen
❹ be / have been
❺ take / have taken

Sentence 비교하며 써보기 · · · · · · · · · · · · · · · · p.131

❶ had, would travel to Africa / had had, would have traveled to Africa
❷ were not, could help him / had not been, could have helped him
❸ had, would live in a city / had had, would have lived in a city
❹ didn't live, couldn't be friends / hadn't lived, couldn't have been friends
❺ wish you were here / wish you had been there

수행평가 SENTENCE WRITING

❶ I wish I could stay longer.
❷ If we had not brought a map, we might(would) have gotten(have got) lost.

❶ I wish 가정법 과거를 사용해서 현재 실현 불가능한 소망을 표현할 수 있다.
❷ if 가정법 과거완료를 사용해서 과거 사실과 반대되는 가정의 의미를 전달할 수 있다.

서술형 총정리
p.132-133

Grammar Point 기초

were not sick, could go hiking / had listened, wouldn't have made

Grammar for Writing 문장 쓰기

❶ were a bird
❷ would lend
❸ could come
❹ had seen him
❺ might have felt
❻ had listened
❼ could have met
❽ were her
❾ knew everything
❿ could have taken

Grammar for 서술형

✔ 기본

❶ If I had time, I could go to the concert.
❷ If she had studied, she wouldn't have failed the exam.
❸ If I had the choice, I would live in a city.
❹ If you didn't live so far away, I would see you more often.
❺ If it had not been rainy, I could have gone climbing.
❻ If I had not been busy, I could have helped him.

✔ 심화

❶ you were here with us
❷ I had been more adventurous
❸ I had a pet dog
❹ I had slowed down
❺ If I had known you were busy
❻ I would call her right now
❼ If I had won the race

Unit 02 비교구문

Grammar 비교하며 익히기 · · · · · · · · · · · · · · · · p.134

❶ as / than
❷ more / the more
❸ taller and taller / tallest
❹ longer / long
❺ stronger / the strongest

Sentence 비교하며 써보기 · · · · · · · · · · · · · · · · p.135

❶ She is as busy / She is busier
❷ The weather is getting better / Summer is better than
❸ the colder it became / much colder
❹ interesting as science / more interesting than music
❺ He is stronger than / He is the strongest among
❻ the most delicious foods / as delicious as pizza

❼ as common as a dog in America / more common than any other

수행평가 SENTENCE WRITING

❶ The first solution is the most reasonable.
❷ The first one is more reasonable than any other solution.
❸ No solution is more reasonable than the first one.

❶ [the+최상급]을 사용해서 '가장 ~한/하게'의 의미를 나타낸다.
❷ [비교급+than any other+단수명사]를 사용해 최상급의 의미를 나타낼 수 있다.
❸ [no+명사 ~ 비교급+than]을 사용해서 the first solution이 가장 합리적이라는 최상급의 의미를 나타낼 수 있다.

* 최상급의 의미를 나타내는 다양한 방법을 확인하는 문제로 ❶~❸ 문장의 의미는 모두 같다.

서술형 총정리   p. 136-137

Grammar Point 기초

good / better / the best

Grammar for Writing 문장 쓰기24

❶ as crowded as
❷ more crowded than
❸ It is higher than any other
❹ This shirt is more expensive than
❺ He is as handsome as
❻ The plane flew higher
❼ more colorful than a peacock
❽ as long as the Nile River
❾ the most famous player
❿ more famous than any other

Grammar for 서술형

✔ 기본

❶ Music is as interesting as science.
❷ Summer is better than any other season.
❸ She is busier than Rachel.
❹ He is the strongest among his friends.
❺ The further north I went, the colder it became.
❻ Soccer is the most popular sport in Germany.

✔ 심화

❶ No other subject is more interesting than music.
❷ The weather is getting better and better.
❸ It is as quick as taking the bus.
❹ Ramen is one of the most delicious foods.
❺ A dog is more common than any other animal in America.
❻ The more I make, the more I spend.
❼ No other thing is more important than health.

PART 10 일치·화법·특수구문

Unit 01 일치

Grammar 비교하며 익히기 ·················· p. 142

❶ was / were
❷ are / is
❸ play / plays
❹ was / was
❺ writes / had written

Sentence 비교하며 써보기 ·················· p. 143

❶ is decreasing / come to Korea
❷ wants to see the movie / want to see the movie
❸ has evaporated / were angry at me
❹ is not enough to finish it / is too far to walk

⑤ is unclear / were injured
⑥ done your best / do your best
⑦ know the answer / knew the answer

④ I know the answer
⑤ copies is limited
⑥ seem to enjoy the game
⑦ is not enough to finish it

① are → is　　　② is → are
③ can → could

① [the number of ~]는 '~의 수'라는 의미로 단수 취급한다.
② [both A and B]는 'A와 B 둘 다'의 의미로 복수 취급한다.
③ 주절의 시제가 과거이므로 종속절 역시 과거 시제가 되어야
　한다.

서술형 총정리　　　　　　　　　　p. 144-145

Grammar Point 기초

was / has / works / worked

Grammar for Writing 문장 쓰기

① Every room in the hotel was
② Three miles is
③ The number of students is
④ Both she and I walk
⑤ A number of tourists come
⑥ are missing
⑦ the movie will be great
⑧ you had prepared for the exam
⑨ wants to see the movie
⑩ you miss your family

Grammar for 서술형

✔ 기본

① All of the students <u>want</u> to go on a field trip.
② Each country <u>has</u> its own unique culture.
③ Some of his money <u>was</u> stolen.
④ The number of immigrants <u>is</u> unclear.
⑤ I think the performance <u>was</u> great.
⑥ He said that the store <u>opens</u> every day.

✔ 심화

① and Steven came from Canada
② would be difficult to get the tickets
③ he would stay

Unit 02 간접화법

Grammar 비교하며 익히기　　　　　　p. 146

① said / said　　　② will / would
③ said to / that　　④ Wake / to wake
⑤ is it / it was

Sentence 비교하며 써보기　　　　　p. 147

① lost / had lost
② I want to learn / he wanted to learn
③ will leave here / would leave there
④ are you from / he was from
⑤ Who gave her the key / who had given her the key
⑥ Eat more vegetables / to eat more vegetables
⑦ Can you explain / if(whether) I could explain

① asked me if(whether) it was enough to pay off my debts
② he had a sore throat so he would go see a doctor the next day

① 간접화법으로 바뀌면서 전달동사는 asked로 바뀐다.
" "부분은 의문사가 없는 의문문이므로 if/whether를
사용하고, 시제와 인칭도 적절히 바꾼다.
② 간접화법으로 바꿀 때 시제와 인칭을 바꾸고, tomorrow
역시 the next day로 바꾸는 것에 유의한다.

Grammar Point 기초

told, that he had bought something for her / told us not to run there / asked if(whether) I was going fishing the next day

Grammar for Writing 문장 쓰기

1. he looked very nice
2. had left a message
3. you would be busy the next day
4. to go to bed early
5. not to go out
6. if(whether) I would come later
7. when I would come
8. what made him sad
9. to wake up early
10. where I was going

Grammar for 서술형

✔ 기본

1. She said to me, "You will need to arrive here on time."
2. He said to me, "I met her yesterday."
3. He said, "I will leave here."
4. She said, "I can go to the supermarket."
5. He said to me "Can you give me a ride?"
6. I said to her, "When did the class begin?"

✔ 심화

1. He asked who had given
2. I asked if(whether) I could
3. My mom told me to reuse
4. She asked me if it was enough to
5. when the post office would be open
6. she had lost her dog
7. she had already left

Grammar 비교하며 익히기   p.150

1. It was at 9 o'clock that / It was I that
2. It was at the theater that / It was him that
3. It was Dan that / It was the ticket that
4. did expect / does look
5. What on earth / Where on earth

Sentence 비교하며 써보기   p.151

1. I took care / It was I that took care
2. I met the girl / It was on this street that
3. She left home / It was because of her dream that
4. I wanted to see / You are the very person
5. I wanted to buy / This is the very car
6. a lot about physics / I do know
7. I called you / I did call you

수행평가 SENTENCE WRITING

1. I did worry about running out of cash.
2. They did not expect to see it there at all.

> 1. 동사를 강조할 때 [do/does/did+동사원형]형태를 만들 수 있다. 주어진 문장의 동사가 과거형(worried)이므로 did worry로 써야 한다.
> 2. [not ~ at all]은 '전혀 ~않다'의 의미이다.

Grammar Point 기초

It was her that / does love / the very bag

Grammar for Writing 문장 쓰기

1. It was Joan that met the man
2. It was the man that Joan met
3. It was at the bus stop that Joan met
4. I do enjoy playing
5. He did enjoy playing
6. This is the very car
7. How in the world did you
8. I did not in the least expect

⑨ It was at the theater that
⑩ What on earth is

Grammar for 서술형

✔ 기본

❶ It <u>was</u> the girl I like that I met on this street.
❷ I <u>did</u> meet my husband in Paris.
❸ I did <u>call</u> you last night, ten times.
❹ How <u>in the world did you</u> find him?
❺ We are not afraid of sharks <u>at all</u>.

✔ 심화

❶ I did not in the least find out anything.
❷ It was only then that I realized we had won.
❸ Who on earth said so?
❹ It is his voice that annoys me.
❺ It was Ted that threw a farewell party for me.
❻ It was at that store where we first met.
❼ I do know a lot about physics.

Unit 04 간접의문문과 명령문

Grammar 비교하며 익히기 ⋯⋯⋯⋯⋯⋯⋯ p.154

❶ Did you call her / if(whether) you called
❷ Does he live / if(whether) he lives
❸ What does she do / what she does
❹ we have to save / we have to save
❺ and you'll get / or you'll get

Sentence 비교하며 써보기 ⋯⋯⋯⋯⋯⋯⋯ p.155

❶ she come / why she couldn't come
❷ does it work / how it works
❸ Did you answer / if(whether) you answered
❹ Did she finish / if(whether) she finished
❺ the accident happen / how the accident happened
❻ you will get a good seat / and you will get a good seat
❼ you'll miss your flight / or you'll miss your flight

❶ When do you believe you can buy this car?
❷ Help her, or she won't be able to finish her homework.

> ❶ 주절의 동사가 생각, 추측을 나타내는 동사일 때 간접의문문의 의문사를 문장 맨 앞에 쓴다.
> ❷ '~해라, 그렇지 않으면'의 의미가 되도록 [명령문, or ~]의 문장 형태를 만든다.

서술형 총정리 ⋯⋯⋯⋯⋯⋯⋯⋯⋯⋯⋯ p.156-157

Grammar Point 기초

how I get there / and / or

Grammar for Writing 문장 쓰기

❶ where the bank is
❷ if he is Chinese
❸ if he was late for the meeting
❹ and the baby will sleep well
❺ or the baby will wake up
❻ what he does for living
❼ where she lives
❽ if it is true
❾ and you'll get a free ticket
❿ or you'll miss the train

Grammar for 서술형

✔ 기본

❶ Do you know why she <u>couldn't</u> come?
❷ Can you tell me how it <u>works</u>?
❸ Do they know what you <u>did</u> last year?
❹ Press the button, <u>and</u> it will be turned on.
❺ Leave now, <u>or</u> you will miss your flight!
❻ Do you know how the accident <u>happened</u>?

✔ 심화

❶ and you will get the video game
❷ how he solved the problem
❸ if(whether) you watched the movie
❹ or you will fall off the cliff
❺ when the post office opens
❻ what it means
❼ where they went

중학영문법 문법이 쓰기다 서술형

MEMO

중학영문법 문법이 쓰기다 서술형

중학영문법 문법이 쓰기다 서술형

중학영문법 문법이 쓰기다 서술형

중학영문법 문법이 쓰기다 서술형